기도로 채우는 사랑의 삶
자녀기도문 100

기도로 채우는 사랑의 삶, 자녀기도문 100

초판 1쇄 발행 2025년 4월 15일

지은이 민상기
펴낸이 민상기
편집장 이숙희
편집자 민경훈

펴낸곳 도서출판 드림북
인쇄소 예림인쇄 **제책** 예림바운딩
총판 하늘유통

· **등록번호** 제 65 호 **등록일자** 2002. 11. 25.
· 경기도 양주시 광적면 부흥로 847 경기벤처센터 220호
· Tel (031)829-7722, Fax(031)829-7723

· 잘못된 책은 교환해 드립니다.
· 이 출판물은 저작권법에 의해 보호를 받는 저작물이므로 무단 복제할 수 없습니다.
· 독자의 의견을 기다립니다.
· 드림북은 항상 하나님께 드리는 책, 꿈을 주는 책을 만들어 갑니다

믿음의 삶을 위한 기도문 시리즈 2

기도로 채우는 사랑의 삶

민상기 지음

자녀 기도문 100

드림북

머리말

세상의 모든 풍경이 어루만져지고, 밤하늘의 별빛이 부드럽게 내려앉을 때, 우리의 마음 깊은 곳에는 한 가지 소망이 자리잡습니다. 그 소망은 바로 사랑과 은혜, 그리고 변함없는 믿음의 기초입니다. 이 기도문들은 우리 자녀들이 태어나 자라면서 경험하게 될 수많은 신앙의 여정과, 그 길 위에서 만나는 하나님의 은혜로운 약속들을 담고 있습니다.

이 기도문 모음집은 자녀들이 하나님을 공경하고, 기도의 습관을 통해 매일의 삶 속에서 하나님의 임재를 체험하며, 성경을 사랑하고 예배의 소중함을 깨닫는 과정을 그립니다. 또한, 믿음의 기초를 든든히 세우며, 하나님과 동행하는 삶을 살아가도록, 성령의 인도와 감사의 마음, 정직한 신앙과 인격적 만남을 경험하게 하는 소망이 담겨 있습니다.

각 기도는 자녀들의 작은 마음 속에 하나님의 크신 사랑과 자비를 심어 주며, 부모와 가정 전체가 함께 그 사랑을 나누고, 서로를 격려하며 살아가는 모습을 그립니다. 이 기도들을 통해 우리 자녀들은 교회 공동체의 따뜻한 품 안에서 자라나고, 신앙의 열정과 영적 분별력을 기르며, 세상의 유혹을 극복하는 강한 믿음의 증거로 자라나게 될 것입니다.

기도는 단순히 말로만 하는 의식이 아닙니다. 그것은 우리 삶의 모든 순간 속에 스며드는 은혜의 행위이며, 하나님과의 친밀한 대화입니다. 매일 아침 눈을 뜰 때, 저녁이 되어 눈을 감을 때, 우리 자녀들은 하나님과의 깊은 교제 속에서 진리와 사랑, 그리고 희망의 메시지를 듣게 됩니다. 그 메시지는 자녀들의 마음 속에 영원한 소망을 심어 주어, 어떤 어려움과 시련 속에서도 굳건한 믿음으로 나아갈 수 있는 힘을 줍니다.

이 모음집에 담긴 기도 제목 하나하나에는, 우리 자녀들이 살아가면서 경험하게 될 희망, 도전, 그리고 성장의 여정이 녹아 있습니다. 우리 자녀들이 이 기도문을 통해 하나님의 자비로운 사랑과 은혜를 매 순간 경험하고, 그 사랑이 그들의 삶에 희망과 용기를 불어넣어 주기를 간절히 소망합니다.

이 기도문 모음집은 단순한 문장이 아니라, 우리의 삶 속에서 하나님의 사랑을 다시 한 번 되새기고, 자녀들과 부모, 그리고 모든 가정이 하나님의 은혜 안에서 온전히 하나 되어 살아가기를 바라는 간절한 마음의 기록입니다.

2025년 봄날의 햇살이 좋은 날에
민상기

목차

머리말 / 04

Part 1 신앙생활을 위한 기도문

하나님을 공경하는 자녀 12
기도의 습관이 자리 잡는 자녀 14
성경을 사랑하는 자녀 16
예배를 소중히 여기는 자녀 18
믿음의 기초가 든든히 세워지는 자녀 20
하나님과 동행하는 삶을 사는 자녀 22
성령님의 인도를 받는 자녀 24
감사하는 마음을 가지는 자녀 26
정직한 신앙을 갖는 자녀 28
하나님을 인격적으로 만나는 자녀 30
교회 공동체를 사랑하는 자녀 32
신앙의 열정을 지키는 자녀 34
어려운 순간에도 하나님을 의지하는 자녀 36
시험을 당할 때 믿음으로 이기는 자녀 38
성경 속 인물처럼 믿음의 본이 되는 자녀 40
영적 분별력을 갖는 자녀 42
세상의 유혹을 이기는 자녀 44

경건한 습관을 만들어 가는 자녀 46
선한 영향력을 끼치는 자녀 48
사랑으로 섬기는 자녀 50

Part 2 가정과 가족을 위한 기도문

부모에게 순종하는 자녀 54
부모를 존경하고 사랑하는 마음을 갖는 자녀 56
형제, 자매와 함께 화목한 자녀 58
가정 안에서 사랑을 배우는 자녀 60
가족과 함께 신앙을 키워가는 자녀 62
부모님의 기도를 듣고 배우는 자녀 64
가정의 평안을 위해 기도하는 자녀 66
부모님과 깊은 대화를 나누는 자녀 68
가족과 함께 감사의 시간을 갖는 자녀 70
감정과 마음을 다스릴 줄 아는 자녀 72
가족을 먼저 생각하는 자녀 74
가정에서 기도의 자리를 지키는 자녀 76
가정을 통해 하나님의 사랑을 배우는 자녀 78
가정의 어려움을 함께 기도로 나누는 자녀 80
가족을 도울 줄 아는 자녀 82
부모님의 신앙을 본받는 자녀 84
가정 안에서 하나님을 경험하는 자녀 86
작은 일에도 감사하는 습관을 갖는 자녀 88
가족과 함께 성경을 읽는 자녀 90

Part 3 학교생활과 친구 관계를 위한 기도문

학교에서 친구와 좋은 관계를 맺는 자녀 94
학업에 최선을 다하는 자녀 96
선생님을 존경하는 자녀 98
친구들에게 선한 영향력을 주는 자녀 100
학교에서 부끄럽지 않은 신앙을 지키는 자녀 102
힘든 친구를 도울 수 있는 자녀 104
친구와의 갈등을 지혜롭게 해결하는 자녀 106
왕따를 당하거나 주는 행동을 하지 않는 자녀 108
예수님의 사랑을 친구들에게 전하는 자녀 110
선생님과 좋은 관계를 유지하는 자녀 112
학업 스트레스가 쌓이지 않도록 114
시험을 두려워하지 않는 자녀 116
올바른 친구를 분별하는 지혜를 갖는 자녀 118
모든 교과목을 성실히 배우는 자녀 120
학교생활에 기쁨을 느끼는 자녀 122
경쟁보다는 배려하는 마음을 갖는 자녀 124
공부가 하나님께 영광이 되도록 하는 자녀 126
급우들에게 좋은 말을 하는 자녀 128
바른 가치관을 세우는 자녀 130
학교에서 작은 선행을 실천하는 자녀 132

Part 3 성품과 미래를 위한 기도문

하나님이 기뻐하시는 성품으로 크는 자녀 136
정직하고 바른 자녀가 되도록 하는 기도 138
남을 먼저 배려하는 마음을 갖는 자녀 140
작은 일에도 책임감을 느끼는 자녀 142
용서하는 마음을 배우는 자녀 144
건강한 자존감을 갖도록 하는 자녀 146
건강한 자존감을 갖는 자녀 148
자기 조절 능력을 배우는 자녀 150
욕심보다는 나눔을 배우는 자녀 152
불평보다는 감사하는 마음을 가진 자녀 154
하나님이 주신 재능을 발견하는 자녀 156
자신의 꿈을 지켜나가는 자녀 158
인생의 목적을 찾아가는 자녀 160
세상가치보다 하나님의 뜻을 우선하는 자녀 164
어려움을 두려워하지 않는 자녀 166
사랑과 희망을 품고 살아가는 자녀 168
자신의 길을 하나님께 맡기는 자녀 170
하나님이 기뻐하시는 삶을 사는 자녀 172
주어진 일에 성실한 자녀 174
하나님을 신뢰하며 미래를 준비하는 자녀 176
건강한 몸과 마음을 가진 자녀 178
부정적인 말보다 긍정적인 말을 하는 자녀 180
사람들에게 기쁨을 주는 자녀 182
하루를 기도로 시작하고 마무리하는 자녀 184

사람들의 말보다 하나님의 말씀을 따르는 자녀 186
불안과 걱정보다 믿음으로 살아가는 자녀 188
고난 속에서도 감사하는 자녀 190
실수해도 다시 도전하는 자녀 192
세상 속에서 빛과 소금이 되는 자녀 194
나눔과 섬김을 실천하는 자녀 196
사랑이 가득한 자녀를 위한 기도 198
삶 속에서 하나님의 은혜를 경험하는 자녀(1) 200
삶 속에서 하나님의 은혜를 경험하는 자녀(2) 202
겸손한 태도로 사람을 대하는 자녀 204
어려운 사람을 외면하지 않는 자녀 206
하나님이 주신 비전을 품고 살아가는 자녀 208
삶을 기쁨으로 채우는 자녀 210
주어진 모든 것에 감사할 줄 아는 자녀 212
기도를 통해 하나님과 더욱 가까워지는 자녀 214
하나님의 기준으로 살아가는 자녀 216
믿음으로 하나님께 순종하는 자녀 218
영원한 소망을 품은 자녀(1) 220
영원한 소망을 품은 자녀(2) 222

Part 1
신앙생활을 위한 기도문

하나님을 공경하는 자녀

사랑과 자비가 풍성하신 하나님 아버지,

오늘도 저희 가정을 지켜주시고 은혜로 함께하여 주심에 감사드립니다. 하나님께서 저희에게 귀한 생명을 맡겨주셔서 부모로서의 사명을 감당하게 하심도 크신 은혜임을 고백합니다. 저희 자녀를 하나님의 뜻 안에서 바르게 양육할 수 있도록 지혜와 인내를 허락하여 주옵소서. 저희 자녀가 하나님의 크신 권능과 거룩하심 앞에서 깊은 공경의 마음을 품으며 자라게 하시고, 매일 말씀을 묵상하여 하나님의 뜻을 깨닫는 귀한 신앙의 뿌리를 내리게 하옵소서. 하나님의 거룩한 빛이 자녀의 마음 깊숙이 스며들어, 모든 선택과 행동마다 공경과 감사가 넘치도록 인도해 주시길 간절히 기도드립니다. 어려운 순간에도 하나님의 위대함을 기억하며 믿음을 유지하고, 삶의 모든 자리에서 하나님의 영광을 나타내게 하옵소서.

하나님, 저희 자녀가 어릴 때부터 하나님을 공경하는 마음을 품게 하시고, 하나님의 말씀을 사랑하며 순종하는 자로 자라나게 하옵소서. 세상의 헛된 것들에 마음을 빼앗기지 않게 하시고, 하나님만이 참된 길이요 진리요 생명이심을 늘 깨닫게 하여 주옵소서. 저희 자녀의 마음속에 하나님을 향한 마음이 깊이 뿌리내리게 하시고, 어떤 상황에서도 하나님의 뜻을 구하는 삶을 살게 하옵소서. 친구들과 어울릴 때에도 하나님의 말씀을 기준 삼아 올바른 판단을 하게 하시고, 세상의 유혹과 시험 앞에서도 굳건한 믿음을 지키게 하옵소서.

하나님, 저희 자녀가 기도의 자리에서 하나님을 만나는 기쁨을 경험하게 하시고, 성경을 통해 하나님의 음성을 듣는 복을 누리게 하옵소서. 하나님의 말씀이 저희 자녀의 길을 밝히는 등불이 되게 하시고, 언제나 하나님의 인도하심을 따라 걸어가게 하옵소서.

하나님, 하나님을 사랑하고 이웃을 사랑하는 따뜻한 마음을 허락하시고, 겸손한 자세로 하나님의 뜻을 이루어가는 삶을 살게 하여 주옵소서. 어떠한 세상의 가치관에 흔들리지 않고, 오직 하나님의 말씀을 삶의 기준으로 삼으며 살아가도록 붙들어 주옵소서. 저희들도 하나님을 따르는 본이 되게 하시고, 저희의 삶을 통해 자녀가 하나님을 더욱 사랑하며 신뢰하게 하옵소서. 하나님 앞에서 언제나 겸손히 무릎 꿇고 기도하며, 하나님의 뜻대로 양육할 수 있도록 힘과 지혜를 더하여 주옵소서. 예수 그리스도의 이름으로 드립니다. 아멘.

기도의 습관이 자리 잡는 자녀

사랑과 은혜가 충만하신 하나님 아버지,

오늘도 저희 가정에 베푸시는 사랑과 은혜에 감사드립니다. 저희 자녀의 마음에 기도의 씨앗을 심어 매일 하나님과 깊은 대화를 나눌 수 있는 습관이 자라나게 하시고, 기도의 시간마다 하나님의 사랑과 평안을 체험하게 하옵소서. 자녀의 작은 눈동자 속에도 하나님의 은혜가 가득히 비치어, 하루의 시작과 끝을 기도로 채우며 삶의 중심을 잡을 수 있도록 도와주시길 원합니다. 또한, 기도를 통해 모든 어려움과 시험을 극복하고, 하나님과의 친밀한 교제를 항상 유지하는 믿음의 근간을 다지게 하옵소서.

하나님, 저희 자녀가 어릴 때부터 기도를 삶의 중요한 부분으로 여기게 하시고, 하나님과의 깊은 교제를 나누는 기쁨을 깨닫게 하옵소서. 날마다 하나님 앞에 나아가 무릎 꿇고 기도하는 습관이 자리 잡게 하시고, 어떤 상황 속에서도 기도로 하나님께 나아가는 자녀가 되게 하옵소서.

하나님, 하나님의 말씀을 묵상하며 기도하는 즐거움을 누리게 하시고, 기도를 통해 하나님의 뜻을 구하며 살아가도록 저희 자녀를 붙들어 주옵소서. 기도가 단순한 습관이 아닌, 하나님과 동행하는 삶의 가장 중요한 요소임을 깨닫게 하시고, 기도할 때마다 하나님의 음성을 듣는 귀한 시간을 경험하게 하옵소서. 어려움 속에서도 기도를 통해 힘을 얻고, 감사의 순간에도 하나님께 영광 돌리며 기뻐하게 하옵소서. 자녀의 마음속에 기도하는 마음이 항상 살아있어, 어떤 환경에서도 하나님과의 관계를 소중히 여기며 살아가도록 인도하여 주옵소서.

하나님, 하나님을 더욱 사랑하고 신뢰하며, 기도로 하나님의 뜻을 구하는 자녀가 되게 하시고, 저희들도 기도의 본이 되어 자녀가 자연스럽게 기도의 삶을 배우도록 도와주옵소서. 저희 가정이 기도로 하나 되고, 하나님께서 기뻐하시는 가정으로 세워지게 하소서. 가정에서 함께 기도하며 하나님의 도우심을 경험하는 축복의 시간이 늘 이어지도록 인도해 주시옵소서. 저희들도 매일 기도로 하나님과 깊은 교제를 나누며, 자녀가 저희의 기도 생활을 본받아 신실한 기도의 습관을 가지게 하옵소서. 가정 전체가 하나님의 은혜 안에서 평안과 소망을 누리게 하시길 기도드립니다. 이 모든 기도를 주 예수 그리스도의 이름으로 드립니다. 아멘.

성경을 사랑하는 자녀

　자비로우신 하나님,
　저희 가정을 하나님의 따스한 사랑으로 보호하시고, 오늘도 저희 자녀에게 주신 생명의 기쁨을 누리게 하심에 감사를 드립니다. 부모가 하나님의 인도와 말씀에 따라 자녀를 양육할 수 있도록 지혜와 용기를 부어 주시며, 하나님의 평안이 저희 가정에 가득하도록 인도해 주시옵소서. 저희 자녀가 어릴 때부터 성경 말씀의 귀한 가치를 깨닫고, 말씀을 삶의 등불 삼아 사랑하며 따르는 기쁨을 누리게 하시옵소서. 매일 성경을 읽으며 하나님의 사랑과 약속을 새기는 시간 속에 자녀의 영혼이 점점 풍성해지고, 그 말씀을 실천하는 삶의 열매가 맺히게 하옵소서. 또한, 말씀 속에서 발견하는 지혜가 자녀의 모든 결정에 빛을 주어, 하나님의 인도하심 아래 올바른 길을 걷게 하시길 간절히 기도드립니다.
　하나님, 저희 자녀의 마음속에 성경을 향한 깊은 갈망을 심어 주시고, 날마다 하나님의 말씀을 가까이하는 기쁨을 누리게 하옵소서. 하나님의 말씀을 읽을 때마다 하나님의 음성을 듣게 하시고, 성경이 저희 자녀의 생각과 행동을 이끌어가는 빛이 되게 하옵소서. 말씀을 단순한 글자가 아니라, 살아있는 능력으로 받아들이며, 말씀 안에서 하나님의 뜻을 깨닫는 지혜를 얻게 하옵소서.

하나님, 세상의 많은 소리들 속에서 하나님의 말씀을 분별하는 지혜를 허락하시고, 진리 위에 굳건히 서서 흔들리지 않는 믿음을 지키게 하옵소서. 성경을 배우는 것이 의무가 아니라 기쁨이 되게 하시고, 날마다 말씀을 묵상하며 하나님의 인도하심을 따르는 삶을 살게 하옵소서.

하나님, 저희 자녀가 성경을 읽을 때마다 마음이 뜨거워지고, 말씀 속에서 하나님의 사랑을 깊이 깨닫게 하옵소서. 성경을 통해 하나님과 더욱 친밀한 관계를 맺으며, 말씀 속에서 위로받고 힘을 얻게 하옵소서. 말씀을 삶의 중심에 두고, 어떤 선택의 순간에도 하나님의 뜻을 따르도록 도와주옵소서.

하나님, 부모인 저희들도 말씀을 가까이하며 하나님의 진리를 체험하는 삶을 살아, 자녀에게 성경 사랑의 본을 보이게 하옵소서. 저희 가정이 말씀의 빛 아래 단단한 믿음의 터전을 이루게 하시길 간절히 기도드립니다. 어느 곳에 있든지 말씀의 진리를 배우며 하나님의 사랑을 깊이 체험하는 축복을 허락해 주시길 예수 그리스도의 이름으로 드립니다. 아멘.

예배를 소중히 여기는 자녀

사랑과 영광의 하나님 아버지,

오늘도 저희 가정을 하나님의 은총과 보호 속에 두시니 감사드립니다. 소중한 자녀에게 주신 생명의 선물을 깊이 새기며, 부모가 하나님의 말씀에 따라 올바른 길로 자녀를 양육할 수 있도록 지혜와 힘을 더해 주시옵소서. 저희의 모든 날에 하나님의 축복과 평안이 함께 하시기를 간구합니다. 저희 자녀가 예배시간을 소중히 여기며, 하나님의 성전에서 진심으로 찬양과 경배 드리는 삶을 살아가도록 인도해 주시고, 예배 가운데 하나님의 임재와 사랑을 늘 경험하게 하옵소서. 예배의 순수한 마음이 자녀의 영혼에 깊이 새겨져, 항상 겸손과 감사로 하나님을 섬기는 삶이 되도록 도와주시길 원합니다. 예배를 통해 만나는 하나님의 인도와 위로가, 자녀의 모든 순간에 기쁨으로 충만하게 하시길 간절히 기도드립니다.

하나님, 저희 자녀의 마음속에 예배를 향한 뜨거운 사랑을 심어 주시고, 기쁨과 감격으로 하나님께 나아가게 하옵소서.

예배가 단순한 의무가 아니라, 하나님을 만나고 교제하는 가장 귀한 시간이 되게 하시며, 예배를 통해 하나님의 임재를 경험하는 자녀가 되게 하옵소서.

하나님, 어린 시절부터 예배의 소중함을 깨닫게 하시고, 언제 어디서나 하나님을 높이며 경배하는 삶을 살아가게 하옵소서. 교회에서뿐만 아니라, 가정에서도 늘 예배하는 마음을 품고, 하나님을 찬양하고 기도하는 기쁨을 누리게 하옵소서. 예배를 드릴 때마다 성령님께서 자녀의 마음을 감동시키시고, 하나님을 더욱 깊이 사랑하게 하옵소서.

하나님, 예배를 통해 하나님의 말씀을 사모하는 자녀가 되게 하시고, 하나님의 뜻을 깨달아 순종하는 삶을 살게 하옵소서. 예배를 소홀히 여기지 않게 하시고, 어떤 상황에서도 하나님께 예배드리는 것을 최우선으로 삼는 신앙을 가지게 하옵소서. 환경이나 감정에 흔들리지 않고, 언제나 변함없는 마음으로 예배하는 믿음의 사람이 되게 하옵소서.

하나님, 부모인 저희들도 매일 예배와 찬양으로 하나님께 가까이 나아가며, 아이가 예배의 참된 기쁨을 배우는 본보기가 되게 하옵소서. 저희 가정이 하나님의 성전처럼 거하며 찬양으로 하나되게 하시길 기도드립니다. 가정과 교회에서 하나님의 모범을 따라 예배의 참된 의미를 깨닫게 하시길 간절히 원하오며, 주 예수 그리스도의 이름으로 드립니다. 아멘.

믿음의 기초가 든든히 세워지는 자녀

은혜로운 아버지,

저희 가정을 매순간 하나님의 사랑으로 감싸주시고, 오늘도 저희 자녀에게 주신 생명의 귀함을 깊이 감사드립니다. 부모로서 하나님의 말씀과 인도하심에 따라 자녀를 양육하며, 그 길 위에 하나님의 평안과 기쁨이 넘치도록 도와주시옵소서. 저희의 모든 기도가 하나님께 닿기를 소망합니다. 저희 자녀의 믿음의 기초가 하나님의 말씀과 사랑 위에 굳건히 세워져, 인생의 모든 도전 앞에서도 변함없이 하나님을 신뢰하며 살아가기를 원하오며 기도를 드립니다. 자녀의 마음 속에 믿음의 씨앗이 자라나, 어려운 순간에도 하나님의 약속을 기억하며 담대하게 나아갈 수 있도록 도와주시길 간절히 기도합니다. 또한, 부모와 함께 나누는 말씀의 교제와 기도가 자녀의 믿음을 더욱 단단하게 세워 주어, 미래의 모든 도전에 굳건히 맞설 수 있게 하옵소서.

하나님, 저희 자녀의 마음에 흔들리지 않는 믿음을 심어 주시고, 어떤 상황 속에서도 하나님을 신뢰하는 담대한 신앙을 가지게 하옵소서. 세상의 가치관과 유혹에 흔들리지 않게 하시고, 하나님의 말씀 위에 든든히 서서 하나님의 뜻을 따라 살아가는 자녀가 되게 하옵소서. 믿음이 단순한 지식이 아니라, 삶 속에서 실천되는 살아있는 믿음이 되게 하옵소서.

하나님, 하나님을 사랑하는 마음이 날마다 깊어지게 하시고, 기도와 말씀을 통해 하나님과 더욱 친밀한 관계를 맺도록 도와주옵소서. 하나님의 교회를 사랑하고, 믿음의 공동체 안에서 성장하며, 하나님이 기뻐하시는 삶을 살아가게 하옵소서. 하나님 앞에서 정직하고 순결한 마음을 가지게 하시고, 믿음의 여정을 걸어가는 동안 언제나 하나님의 손을 놓지 않는 자녀가 되게 하옵소서.

하나님, 부모인 저희들도 하나님의 말씀과 사랑 위에 굳건한 신앙의 기초를 다지며, 자녀에게 믿음의 등불이 되게 도와주옵소서. 가정이 서로 격려하며 하나님의 축복 속에서 단단한 믿음을 이루게 도와주시옵소서.

가정에서 부모와 함께 하나님의 말씀을 배우고, 성령의 인도하심 속에서 믿음의 터를 확실히 다질 수 있도록 도와주시길 간절히 원하오며, 예수 그리스도의 이름으로 드립니다. 아멘.

하나님과 동행하는 삶을 사는 자녀

자애하신 하나님,

오늘도 저희 가정을 하나님의 무한한 사랑과 은혜로 보호해 주심에 감사드리며, 소중한 자녀에게 주신 생명의 축복을 기쁨으로 맞이하게 하심에 감격합니다. 부모된 저희가 하나님의 인도에 따라 올바르게 양육의 사명을 다할 수 있도록 지혜와 힘을 더해 주시고, 하나님의 평안이 저희 가정에 항상 머물기를 기도드립니다. 저희 자녀가 매일의 삶 속에서 하나님과 함께 동행하며, 하나님의 인도하심과 사랑을 믿고 걸어가는 축복된 여정을 시작하기를 기도합니다. 작은 발걸음마다 하나님의 따스한 손길을 느끼며, 모든 길목에서 하나님의 은혜와 보호를 체험하게 하시길 원하옵나이다. 또한, 자녀의 인생 여정 속에서 하나님의 말씀과 기도의 동행이 늘 함께하여, 어둠 속에서도 빛을 잃지 않는 삶을 살아가게 하옵소서.

하나님, 저희 자녀가 삶의 모든 순간 속에서 하나님과 함께 걸어가는 기쁨을 알게 하옵소서. 하나님의 음성을 듣고 순종하며, 어떠한 상황 속에서도 하나님의 뜻을 구하는 자녀가 되게 하옵소서. 하나님과의 친밀한 교제가 자녀의 삶의 중심이 되게 하시고, 기도와 말씀 속에서 항상 하나님을 경험하는 삶을 살게 하옵소서. 세상의 유혹과 혼란 속에서도 하나님과 동행하는 삶을 잃지 않도록 지혜와 분별력을 허락하시고, 오직 하나님의 말씀을 기준 삼아 올바른 길을 선택하는 자녀가 되게 하옵소서.

하나님, 저희 자녀가 교회를 사랑하며, 신앙 공동체 안에서 하나님과 동행하는 기쁨을 배우게 하옵소서. 하나님과 더욱 친밀한 관계를 맺고, 그분의 뜻에 순종하는 겸손한 마음을 가지게 하옵소서. 삶의 크고 작은 결정 속에서 하나님을 의지하며 기도하는 자녀가 되게 하옵소서.

하나님, 부모인 저희들도 하나님과 동행하는 본이 되어, 자녀가 저희를 통해 신앙의 소중함을 배우고, 하나님과 더욱 친밀한 관계를 맺도록 돕게 하옵소서. 저희의 가정이 하나님과 늘 동행하는 가정이 되어, 모든 순간에 하나님을 공경하며 살아가게 하옵소서. 작은 순간마다 하나님의 손길을 체험하며, 신앙의 동행자로서 밝은 빛을 발하는 귀한 자녀로 자라게 인도해 주시길 간절히 원하오며, 예수 그리스도의 이름으로 간절히 기도드립니다. 아멘.

성령님의 인도를 받는 자녀

　날마다 보호해 주시는 사랑의 하나님,
　저희 가정을 날마다 하나님의 보호와 자비로 채워 주심에 감사드리며, 오늘도 저희 자녀가 하나님의 진리 안에서 건강하게 자라나도록 인도해 주심에 깊은 감사를 드립니다. 오늘도 저희 자녀가 성령님의 인도하심을 따라, 매 순간 하나님의 뜻을 분별하고 올바른 길로 나아갈 수 있도록 성령님의 충만한 도우심을 받기를 원하며 기도드립니다. 성령님의 따뜻한 음성을 처음 체험하며 하나님의 뜻을 분별하는 능력을 키우게 하옵소서. 성령의 열매가 자녀의 마음에 자라나, 그 삶이 하나님의 사랑과 진리로 빛나게 하시고, 어려운 순간마다 성령의 지혜로 결정을 내릴 수 있도록 도와주옵소서. 또한, 성령의 임재가 자녀의 모든 생각과 행동 속에 깊이 자리 잡아, 언제나 하나님의 뜻을 따르는 축복의 도구가 되게 하옵소서.
　하나님, 저희 자녀가 성령님의 음성에 민감한 마음을 가지게 하시고, 순간순간 성령님의 지혜와 깨달음을 따라 선택하며 행동하는 자녀가 되게 하옵소서. 자신의 생각과 감정보다 하나님의 뜻을 먼저 구하며, 모든 길에서 성령님께 의지하는 겸손한 마음을 품게 하옵소서.

하나님, 어떤 상황에서도 성령님과 동행하는 기쁨을 알게 하시고, 힘들고 어려운 순간에도 성령님의 위로와 능력을 경험하는 자녀가 되게 하옵소서. 하나님의 말씀을 깨닫고 순종하는 마음을 주옵소서. 성령님께서 자녀의 마음을 온전히 다스려 주셔서, 거짓과 유혹을 멀리하고, 진리 안에서 자유롭게 살아가도록 도와주옵소서.

하나님, 저희 자녀의 입술에서 기도와 찬양이 끊이지 않게 하시고, 성령님의 도우심으로 언제나 하나님을 찬양하고 경배하는 삶을 살아가게 하옵소서. 날마다 성령님의 충만함을 경험하며, 하나님의 사랑을 삶 속에서 실천하는 자녀가 되게 하옵소서. 세상 속에서도 빛과 소금이 되어 하나님의 영광을 드러내게 하옵소서.

하나님, 부모인 저희들도 자녀가 신앙을 배우고, 가정 안에서 성령 충만한 삶을 경험하도록 인도하여 주옵소서. 성령님의 역사하심이 저희 가정을 다스리시고, 저희 모두가 하나님의 뜻을 이루는 가정이 되게 하옵소서. 사랑과 진리를 깊이 체험하며 자라나는 축복의 도구가 되게 인도해 주시옵소서. 이 모든 기도를 예수 그리스도의 이름으로 드립니다. 아멘.

감사하는 마음을 가지는 자녀

은총의 하나님,
오늘도 저희 가정을 하나님의 자비와 사랑으로 감싸주시고, 소중한 자녀에게 주신 생명의 선물을 깊이 새기게 하심에 감사드립니다. 저희 자녀가 매일 하나님의 선하심을 기억하며, 작은 일에도 감사하는 마음을 품고 살아가도록 축복하여 주시옵소서. 자녀의 마음 속에 감사의 기쁨이 가득하여, 매 순간 하나님의 축복을 체험하고 그 은혜를 주변 사람들에게도 전할 수 있게 하옵소서. 또한, 감사하는 삶의 태도가 자녀의 인격을 더욱 빛나게 하여, 하나님의 사랑을 항상 기억하며 살아가도록 인도해 주시길 기도드립니다.
하나님, 저희 자녀가 모든 순간에 감사할 줄 아는 마음을 가지게 하시고, 삶의 작은 일에도 하나님의 은혜를 기억하며 기뻐하는 자녀가 되게 하옵소서. 좋은 일이 있을 때뿐만 아니라, 어려운 상황에서도 하나님의 뜻을 신뢰하며 감사하는 믿음을 가지게 하옵소서.

자녀의 마음이 원망과 불평이 아니라, 늘 감사와 찬양으로 가득 차게 하시고, 주어진 것들에 만족하며 감사하는 삶을 살게 하옵소서. 모든 것이 하나님의 은혜임을 깨닫고, 받은 사랑을 나누며 살아가도록 도와주옵소서. 가족과 친구, 이웃을 향해서도 감사의 마음을 표현하며, 따뜻한 말과 행동으로 하나님의 사랑을 전하는 자녀가 되게 하옵소서.

하나님, 하루하루 하나님께 받은 축복을 헤아리며, 감사하는 습관을 가지게 하시고, 기도할 때마다 먼저 감사하는 마음으로 하나님께 나아가게 하옵소서. 감사를 통해 더욱 하나님께 가까이 나아가고, 믿음이 깊어지는 삶을 살게 하옵소서.

하나님, 부모인 저희들도 모든 일에 감사하는 삶을 실천하여, 자녀에게 감사의 기쁨과 하나님의 은혜를 전하는 모범이 되게 하옵소서. 저희 가정이 항상 찬양과 감사로 하나님을 높이는 축복의 터전이 되게 하시길 기도드립니다. 저희의 가정이 감사로 충만하여, 하나님이 기뻐하시는 가정으로 세워지게 하옵소서. 가정과 교회의 기도가 자녀의 마음에 깊은 감사를 심어, 언제나 하나님의 선하심을 찬양하며 살아가는 축복의 삶을 이루게 하시길 간절히 원하옵니다.

이 모든 기도를 살아계신 예수 그리스도의 이름으로 간절히 기도드립니다. 아멘.

정직한 신앙을 갖는 자녀

언제나 사랑으로 인도해 주시는 하나님,
오늘 이렇게 저희 부부가 두 손을 모읍니다. 저희 자녀가 모든 상황 속에서 정직과 진실을 실천하며, 하나님의 말씀에 따라 올바른 신앙을 지켜나갈 수 있도록 인도해 주시옵소서. 자녀의 작은 마음 속에 정직의 가치가 뿌리내려, 주변 사람들에게 신뢰와 존경을 받는 삶을 살아가게 하시고, 하나님의 진리로 충만하게 하옵소서. 또한, 정직한 행동이 자녀의 인격과 신앙을 더욱 견고하게 하여, 세상의 유혹에 결코 흔들리지 않도록 도와주시길 간절히 기도드립니다.

하나님, 저희 자녀가 하나님 앞에서 정직하고 성실한 마음을 가지게 하시고, 어떤 상황에서도 거짓 없이 진리를 따르는 삶을 살게 하옵소서. 자신의 유익을 위해 타협하지 않으며, 하나님의 뜻을 최우선으로 여기며 살아가는 자녀가 되게 하옵소서. 세상의 유혹과 거짓 속에서도 굳건히 믿음을 지키며, 하나님 앞에서 정직한 자로 서게 하옵소서.

하나님, 저희 자녀의 마음이 늘 하나님을 향해 열려 있도록 인도하시고, 하나님의 말씀을 기준 삼아 모든 행동과 선택을 하게 하옵소서. 사람을 의식하기보다 하나님을 더 공경하며 정직한 신앙을 지키도록 도와주옵소서. 믿음의 길을 걸어갈 때 두려움 없이 진실하고 올바른 길을 선택하는 용기를 허락하옵소서.

자녀의 입술에서 거짓이 아닌 진실된 말이 나오게 하시고, 정직한 말과 행동을 통해 주위 사람들에게 선한 영향력을 미치는 자녀가 되게 하옵소서. 신앙생활에서도 위선이나 형식적인 믿음이 아니라, 마음 깊이 하나님을 사랑하며 그 말씀을 삶으로 실천하는 자녀로 자라나게 하옵소서.

하나님, 부모인 저희들은 매 순간 정직한 삶을 살아, 자녀가 진실함과 도덕적 가치를 몸소 체험할 수 있도록 사랑과 인내로 인도하옵소서. 세상의 유혹에 흔들리지 않고, 진실된 믿음의 본이 되어 하나님의 영광을 나타내는 귀한 자녀로 자라게 하시길 간절히 기도드립니다. 저희 가정이 진리와 정직의 신앙으로 충만하여, 서로 격려하며 하나님께 영광 돌리는 축복된 공동체가 되게 하옵소서

이 모든 기도를 살아계신 예수 그리스도의 이름으로 간절히 기도드립니다. 아멘.

하나님을 인격적으로 만나는 자녀

사랑과 은혜의 하나님 아버지,

오늘도 저희 가정을 지켜 주시고, 하나님의 사랑과 진리 안에서 살아가도록 인도해 주심에 감사드립니다. 하나님께서 저희에게 귀한 생명을 맡기시고, 부모로서 양육할 수 있도록 허락하심도 크신 은혜임을 고백합니다. 저희 자녀가 어릴 때부터 하나님을 인격적으로 만나며 하나님과 친밀한 교제를 나누도록 이끌어 주옵소서.

하나님, 저희 자녀의 마음이 하나님을 향해 항상 열려 있게 하시고, 형식적인 신앙이 아니라 살아계신 하나님을 깊이 체험하는 믿음을 가지게 하옵소서. 기도할 때마다 하나님과 대화하는 기쁨을 알게 하시고, 성경을 읽을 때마다 하나님의 음성을 듣는 은혜를 경험하게 하옵소서. 하나님을 인격적으로 만나 삶이 변화되고, 하나님과 동행하는 기쁨을 날마다 누리게 하옵소서.

하나님, 저희 자녀의 마음속에 성령님께서 역사하시어 하나님을 더욱 사모하는 갈망이 생기게 하시고, 모든 삶의 순간 속에서 하나님의 사랑과 은혜를 깊이 체험하게 하옵소서. 하나님을 지식으로만 아는 것이 아니라, 참된 신뢰와 사랑으로 하나님을 의지하며 살아가는 자녀가 되게 하옵소서.

하나님, 하나님을 향한 뜨거운 사랑과 헌신이 삶의 중심이 되게 하시고, 믿음의 성장을 통해 하나님께 더욱 가까이 나아가는 자녀가 되게 하옵소서. 삶의 어려움 속에서도 하나님을 신뢰하며, 하나님의 손길을 경험하는 은혜를 누리도록 인도하여 주옵소서. 어떤 순간에도 하나님이 함께하심을 깨닫고, 감사와 찬양이 넘치는 신앙 생활을 하게 하옵소서.

하나님, 부모인 저희들도 하나님과 인격적인 만남을 통해 깊은 사랑과 은혜를 체험하며, 자녀가 하나님과 친밀한 교제를 나누는 본보기가 되게 하옵소서. 가정 전체가 하나님의 임재 가운데 온전히 살아가게 하시길 기도드립니다.

하나님, 저희 가정이 하나님의 임재 속에 신앙이 단단히 뿌리내려, 서로가 하나님을 경험하며 사랑과 겸손으로 하나 되는 축복된 공동체가 되게 하옵소서.

이 모든 기도를 살아계신 예수 그리스도의 이름으로 간절히 기도드립니다. 아멘.

교회 공동체를 사랑하는 자녀

늘 저희들의 인도자가 되시는 사랑의 하나님,

저희 자녀가 교회 공동체 안에서 서로 사랑하며 섬기는 기쁨을 배우고, 하나님의 가족임을 자랑스럽게 느끼게 하옵기를 바라며 오늘도 기도의 문을 엽니다. 저희 자녀가 교회 공동체를 사랑하는 은총을 받아, 첫 만남에서부터 교회의 따뜻한 사랑과 연합을 체험하며 하나님을 깊이 깨닫게 하옵소서. 그 사랑이 자녀의 신앙에 풍성한 열매를 맺게 하옵소서.

하나님, 저희 자녀가 교회를 단순한 모임이 아니라, 하나님께서 세우신 거룩한 공동체로 인식하게 하시고, 그 안에서 사랑과 나눔을 실천하는 자녀가 되게 하옵소서. 예배를 진정으로 사모하며 하나님 앞에 나아가는 기쁨을 누리게 하시고, 친구들과의 교제를 통해 서로를 격려하며 성장하는 축복을 경험하게 하옵소서.

하나님, 저희 자녀의 마음속에 하나님의 몸 된 교회를 섬기려는 열정을 심어 주시고, 봉사와 나눔을 통해 하나님 나라를 이루어가는 기쁨을 배우게 하옵소서. 교회 안에서 받은 사랑을 세상 속에서도 실천하며, 하나님의 사랑을 널리 전하는 자녀가 되도록 인도하여 주옵소서.

하나님, 하나님을 향한 사랑이 교회를 향한 사랑으로 이어지게 하시고, 공동체 안에서 겸손과 순종을 배우며 신앙의 성장을 이루는 자녀가 되게 하옵소서. 교회의 기쁨과 아픔을 함께 나누며, 그 안에서 하나님이 주시는 평안과 은혜를 경험하게 하옵소서. 하나님의 말씀을 따라 서로 사랑하며, 함께 하나님의 나라를 이루어가는 기쁨을 알게 하옵소서.

하나님, 부모인 저희들도 교회 안에서 하나님의 사랑을 실천하는 모습을 보이며, 자녀가 공동체의 따뜻한 온정을 몸소 느끼고 신앙의 길을 걸을 수 있도록 부드럽게 인도하옵소서. 교회 공동체 안에서 서로 사랑하고 섬기는 삶을 실천하여, 자녀에게 따뜻한 믿음의 가족 문화를 전하게 하옵소서. 저희 가정과 교회가 하나 되어 하나님의 사랑을 나누는 공동체가 되게 하시길 원하옵나이다.

하나님, 저희 가정이 교회와 함께 하나 되어, 서로를 격려하며 하나님의 사랑 안에서 경건한 삶을 이루는 축복된 공동체가 되게 하옵소서.

이 모든 기도를 살아계신 예수 그리스도의 이름으로 간절히 기도드립니다. 아멘.

신앙의 열정을 지키는 자녀

날마다 사랑을 주시는 하나님 아버지,
오늘도 전능하신 하나님을 의지하며 기도를 시작합니다. 저희 자녀가 신앙의 열정을 지키는 은혜를 받아, 첫 만남에서부터 하나님의 불타는 사랑을 체험하며 열정적으로 신앙을 지켜나가는 힘을 얻게 하옵소서. 그 열정이 자녀의 모든 길에 빛이 되게 하옵소서. 저희 자녀가 어릴 때부터 신앙의 열정을 품고 살아가며, 하나님을 뜨겁게 사랑하는 삶을 살도록 이끌어 주옵소서.

하나님, 저희 자녀가 하나님을 향한 첫사랑을 잃지 않고, 신앙의 열정을 끝까지 지키게 하옵소서. 하나님의 말씀을 사모하며, 기도와 예배를 기쁨으로 여기며 살아가는 자녀가 되게 하옵소서. 세상의 유혹과 어려움 속에서도 흔들리지 않고, 오직 하나님만을 바라보며 믿음의 길을 걸어가게 하옵소서.

자녀의 마음속에 성령의 불이 활활 타오르게 하시고, 날마다 하나님의 음성을 듣고 순종하는 삶을 살게 하옵소서. 신앙의 뜨거움이 일시적인 감정이 아니라, 깊은 결단과 지속적인 헌신으로 이어지게 하옵소서. 하나님을 위해 헌신하며, 하나님의 나라를 확장하는 일에 기쁨으로 동참하는 자녀가 되게 하옵소서.

하나님, 믿음의 시련이 올 때마다 더욱 하나님을 의지하게 하시고, 모든 상황 속에서 신앙의 열정을 잃지 않고 더욱 단단한 믿음으로 자라나게 하옵소서. 하나님과의 친밀한 교제를 통해 영적으로 더욱 성숙해지며, 하나님을 향한 사랑이 날마다 깊어지게 하옵소서.

하나님, 부모된 저희들도 어려움 속에서도 하나님의 열정을 잃지 않고 살아가는 모습을 보이며, 자녀가 항상 믿음의 불꽃을 간직할 수 있도록 부드럽게 인도하여 주옵소서. 저희들도 신앙의 불꽃을 끄지 않고 하나님을 향한 열정으로 살아가며, 자녀에게 그 뜨거운 사랑의 본을 보이게 하옵소서. 저희 가정이 언제나 하나님의 은혜에 불타는 열정으로 충만하게 하시길 소망합니다.

하나님, 저희 가정이 서로의 열정을 북돋우며 하나님의 은혜 안에서 함께 성장하는 축복의 공동체가 되게 하옵소서.

이 모든 기도를 살아계신 예수 그리스도의 이름으로 간절히 기도드립니다. 아멘.

어려운 순간에도 하나님을 의지하는 자녀

늘 저희를 지켜주시는 하나님 아버지,

오늘도 저희 가정을 지켜 주시고, 하나님의 사랑과 진리 안에서 살아가도록 인도해 주심에 감사드립니다. 저희 자녀가 어려운 순간에도 하나님을 의지하는 자녀가 되기를 소망합니다. 고난 속에서도 하나님의 도우심을 체험하며 불굴의 믿음을 키우게 하옵소서. 그 믿음이 평생 이어지는 기초가 되게 하옵소서.

하나님, 이 세상에는 예기치 못한 어려움과 시련이 있음을 압니다. 그러나 저희 자녀가 두려움 속에서도 하나님을 신뢰하며, 어떤 상황에서도 하나님을 붙잡는 믿음을 가지게 하옵소서. 힘들고 지칠 때에도 하나님을 떠나지 않게 하시고, 하나님의 말씀과 기도를 통해 위로와 힘을 얻게 하옵소서.

하나님, 어떠한 고난 속에서도 하나님의 선하심을 믿으며, 원망과 불평이 아닌 감사와 찬양을 올리는 자녀가 되게 하옵소서. 하나님께서 언제나 함께하시며 모든 길을 인도하심을 기억하게 하시고, 눈앞의 어려움이 아니라 하나님의 계획을 바라보는 믿음의 눈을 가지게 하옵소서.

하나님, 하나님의 약속을 붙들고 살아가는 자녀가 되게 하시고, 자신의 힘이 아닌 하나님의 능력 안에서 모든 문제를 이겨내도록 도와주옵소서. 사람의 말보다 하나님의 음성을 더욱 귀 기울여 듣게 하시고, 기도 속에서 하나님의 뜻을 깨닫고 순종하는 삶을 살게 하옵소서.

하나님, 저희가 고난의 순간마다 하나님의 위로와 인도하심을 몸소 체험하며, 자녀가 항상 하나님께 의지하고 승리할 수 있도록 항상 인도하옵소서. 부모인 저희들도 자녀가 어려운 순간을 만날 때마다 믿음으로 함께하며 기도하는 본이 되게 하옵소서. 온 가족이 함께 하나님을 더욱 신뢰하는 가정이 되도록 인도하여 주옵소서. 저희 가정이 언제나 하나님을 의지하며 살아가는 믿음의 가정이 되게 하옵소서.

하나님, 저희 가정이 하나님의 보호와 위로 속에 서로를 격려하며, 어려움을 함께 극복하는 축복의 공동체로 성장하게 하옵소서. 저희 자녀가 장차 어떤 어려움 속에서도 하나님을 더욱 깊이 의지하며 하나님의 귀한 도구로 쓰임 받는 복된 삶을 살게 하옵소서.

이 모든 기도를 살아계신 예수 그리스도의 이름으로 간절히 기도드립니다. 아멘.

시험을 당할 때 믿음으로 이기는 자녀

　모든 곳에서 섭리해 주시는 하나님 아버지,
　오늘 하루도 은혜 속에 구속시켜 주심을 감사드립니다. 저희 자녀가 인생의 시험과 유혹 앞에서도 믿음으로 승리하도록 이끌어 주시기를 바라며 오늘도 기도를 드립니다. 저희 자녀가 시험을 당할 때도 믿음으로 이기는 자녀가 될 수 있도록 인도하여 주옵소서. 어려운 시험의 순간마다 하나님의 강한 도우심을 체험하며 담대한 믿음을 키우게 하옵소서. 그 믿음이 모든 도전을 극복하는 기초가 되게 하옵소서.
　하나님, 이 세상에는 많은 시험과 유혹이 있음을 압니다. 그러나 저희 자녀가 어떠한 상황에서도 하나님을 신뢰하며, 흔들리지 않는 믿음으로 살아가게 하옵소서. 시험을 당할 때 하나님의 말씀을 떠올리게 하시고, 기도로 하나님께 나아가 도움을 구하는 자녀가 되게 하옵소서.
　하나님, 어려운 순간마다 하나님께서 함께하심을 확신하며, 하나님의 힘을 의지하여 담대히 나아가는 믿음을 허락하옵소서. 유혹이 찾아올 때 세상의 길이 아닌 하나님의 길을 선택하게 하시고, 올바른 결정을 내릴 수 있도록 지혜를 부어 주옵소서. 마음속에 성령님께서 역사하시어, 어떤 시험도 하나님의 능력으로 넉넉히 이기게 하옵소서.

하나님, 하나님께서 허락하신 믿음의 전신갑주를 입고, 시험과 유혹 속에서도 굳건히 서는 자녀가 되게 하시며, 시험 후에도 더욱 강한 믿음으로 성장하는 자녀가 되게 하옵소서. 순간적인 감정에 흔들리지 않고, 오직 하나님의 뜻을 따라 행하는 성숙한 신앙을 허락하여 주옵소서.

하나님, 부모인 저희들도 시험 앞에서 하나님의 응답과 힘을 믿고 살아가는 모습을 보여, 자녀가 두려움 없이 하나님께 순종하는 삶을 살 수 있도록 인도하옵소서. 저희 가정이 하나님의 보호와 인도하심 아래 굳건히 서서, 모든 시험을 믿음의 승리로 이끄는 축복의 공동체가 되게 하옵소서.

이 모든 기도를 살아계신 예수 그리스도의 이름으로 간절히 기도드립니다. 아멘.

성경 속 인물처럼 믿음의 본이 되는 자녀

어제도 오늘도 저희와 함께 하시는 하나님 아버지,
오늘도 저희 가정을 하나님의 따스한 품 안에 머물게 하시니 감사드립니다. 하나님께서 저희 자녀의 발걸음을 인도하시고, 진리와 사랑의 길로 이끌어 주심에 깊은 감사를 드립니다. 원하옵기는 저희 자녀가 성경 속 믿음의 인물들처럼 하나님을 온전히 신뢰하며, 믿음의 본이 되는 삶을 살아가도록 이끌어 주옵소서. 위대한 성경 인물들의 믿음과 용기를 처음으로 체험하며 그 본을 닮아가는 길을 걷게 하옵소서. 말씀 속의 영웅들의 이야기가 자녀의 마음에 깊은 감동을 주어, 믿음의 모범으로 성장하게 하옵소서. 그 모범이 자녀의 신앙에 깊은 울림을 주게 하옵소서.

하나님, 다니엘처럼 어려운 환경 속에서도 신앙을 굳게 지키며 하나님을 공경하는 자녀가 되게 하시고, 요셉처럼 어떤 상황에서도 하나님의 섭리를 믿고 끝까지 인내하며 나아가는 자녀가 되게 하옵소서. 아브라함처럼 하나님의 약속을 끝까지 신뢰하며 믿음으로 결단하는 용기를 주시고, 다윗처럼 하나님을 사랑하고 찬양하는 마음이 넘치게 하옵소서.

하나님, 어려운 순간마다 하나님께서 함께하심을 확신하며, 하나님의 말씀을 떠올리며 순종하는 자녀가 되게 하옵소서. 믿음의 선배들처럼 하나님 앞에서 정직하고 겸손하며, 하나님의 뜻을 이루기 위해 헌신하는 삶을 살아가게 하옵소서. 세상의 가치관이 아니라 하나님의 말씀을 기준으로 삼아 모든 결정을 내릴 수 있도록 지혜를 부어주옵소서.

하나님, 하나님께서 허락하신 믿음의 길을 굳건히 걸어가게 하시고, 그 삶이 주위 사람들에게도 선한 영향력을 끼치는 축복의 통로가 되게 하옵소서. 순간적인 감정이나 환경에 흔들리지 않고, 오직 하나님의 뜻을 따라 행하는 성숙한 신앙을 허락하여 주옵소서.

하나님, 저희는 성경의 진리를 몸소 실천하는 삶을 통해, 저희 자녀가 하나님의 말씀을 따라 올바른 신앙의 길을 걸을 수 있도록 사랑과 부드러운 인내로 인도하옵소서. 저희 가정이 말씀의 빛으로 굳건히 서서, 서로를 격려하며 하나님의 뜻을 이루는 축복의 공동체가 되게 하옵소서. 저희 자녀가 장차 성경 속 믿음의 인물들처럼 하나님의 귀한 도구로 쓰임 받는 복된 삶을 살게 하옵소서. 이 모든 기도를 살아계신 예수 그리스도의 이름으로 간절히 기도드립니다. 아멘.

영적 분별력을 갖는 자녀

　항상 베푸시며 사랑을 주시는 하나님 아버지,
　오늘도 하나님의 사랑과 진리 안에서 살아가도록 인도해 주심에 감사드립니다. 저희 자녀가 세상의 혼란과 유혹 속에서도 영적 분별력을 가지고 하나님의 뜻을 따라 살아가도록 인도하여 주옵소서. 저희 자녀에게 영적인 분별력을 부어 주시어, 세상의 다양한 목소리 속에서도 하나님의 진리를 분별하고 올바른 길을 선택하게 하옵소서.
　하나님, 솔로몬이 하나님께 지혜를 간구하였듯이 저희 자녀에게도 영적 지혜를 허락하셔서 무엇이 하나님의 뜻인지 바르게 깨닫게 하옵소서. 세상의 유혹과 거짓된 가르침에 흔들리지 않으며, 성경을 기준으로 삼아 올바른 결정을 내리는 분별력을 가지게 하옵소서. 상황과 환경에 휘둘리는 것이 아니라, 하나님의 음성을 듣고 따르는 자녀가 되게 하옵소서.
　하나님, 거짓과 진리를 분별하는 눈을 주시고, 하나님의 뜻을 분명히 깨달아 그 뜻을 따라 행하는 삶을 살게 하옵소서.

사람들의 말과 세상의 기준에 흔들리지 않으며, 오직 하나님의 말씀을 신뢰하며 살아가는 자녀가 되게 하옵소서. 성령님께서 항상 동행하시며, 잘못된 길로 가려 할 때 바른 길로 인도해 주시고, 선한 것을 선택할 수 있는 용기와 믿음을 허락하여 주옵소서.

하나님, 하나님께서 허락하신 믿음의 길을 굳건히 걸어가게 하시고, 그 삶이 주위 사람들에게도 선한 영향력을 끼치는 축복의 통로가 되게 하옵소서. 순간적인 감정이나 환경에 흔들리지 않고, 오직 하나님의 뜻을 따라 행하는 성숙한 신앙을 허락하여 주옵소서.

하나님, 부모인 저희들도 성령님의 도우심을 받아 매일 하나님의 뜻을 분별하며 살아가고, 자녀에게 그 분별력의 본을 보이게 하옵소서. 자녀가 하나님의 뜻을 분별하는 능력을 자연스럽게 배우며 신실하게 성장할 수 있도록 부드럽게 인도하옵소서. 가정이 하나님의 말씀에 기초한 영적 빛으로 충만하여, 모두가 진리를 분별하는 삶을 누리게 하시길 기도드립니다. 하나님의 진리와 성령의 지혜로 충만하여, 모두가 경건한 삶을 살아가는 축복의 공동체가 되게 하옵소서.

이 모든 기도를 살아계신 예수 그리스도의 이름으로 간절히 기도드립니다. 아멘.

세상의 유혹을 이기는 자녀

전능하신 하나님,

저희 자녀가 세상의 어떠한 유혹에도 이기는 자녀가 되기를 소망하며 오늘 기도를 드립니다. 세상의 유혹에 굴복하지 않고 하나님의 사랑과 진리를 처음으로 체험하며 굳건한 믿음을 키우게 하옵소서. 그 믿음이 자녀의 인생에 변함없는 기초가 되게 하옵소서.

하나님, 이 세상에는 수많은 유혹과 거짓된 가르침이 가득합니다. 그러나 저희 자녀가 하나님의 뜻을 바르게 분별하며, 세상의 가치관이 아니라 하나님의 말씀을 기준 삼아 올바른 결정을 내리는 지혜를 가지게 하옵소서. 상황과 환경에 휘둘리지 않고, 하나님의 음성을 듣고 따르는 굳건한 믿음을 허락하여 주옵소서.

하나님, 저희 자녀가 욕심과 쾌락에 쉽게 빠지지 않도록 마음을 지켜 주시고, 순간적인 즐거움보다 하나님의 영원한 진리를 사모하는 삶을 살게 하옵소서. 죄의 길을 멀리하고, 성령님께서 주시는 능력으로 정결한 삶을 살며, 모든 행동과 선택 속에서 하나님을 기쁘시게 하는 자녀가 되게 하옵소서.

하나님, 어려운 순간에도 하나님의 말씀을 기억하며 용기를 얻고, 세상의 유혹을 믿음으로 이겨낼 수 있도록 강한 내면을 허락하여 주옵소서. 하나님이 기뻐하시는 것을 사랑하며, 거룩한 것을 추구하는 자녀가 되게 하시고, 하나님께 순종하는 기쁨을 배우게 하옵소서.

하나님, 부모인 저희들도 세상의 헛된 가치관에 흔들리지 않으며, 믿음의 본을 보이며 살아가게 하옵소서. 자녀가 저희를 통해 신앙을 배우고, 하나님을 더욱 신뢰하는 삶을 살아가도록 인도하여 주옵소서. 유혹 앞에서도 하나님의 약속을 굳게 믿으며 살아가는 모습을 통해, 자녀가 언제나 하나님께 의지하고 담대하게 나아갈 수 있도록 사랑과 인내로 인도하옵소서. 저희 가정이 언제나 하나님의 보호와 은혜 아래 단단히 뭉쳐, 서로를 격려하며 세상의 유혹을 이기는 축복의 공동체가 되게 하옵소서.

이 모든 기도를 살아계신 예수 그리스도의 이름으로 간절히 기도드립니다. 아멘.

경건한 습관을 만들어 가는 자녀

사랑과 은혜의 하나님 아버지,

오늘도 저희 가정을 지켜 주시고, 하나님의 사랑과 진리 안에서 살아가도록 인도해 주심에 감사드립니다. 저희 자녀가 어릴 때부터 경건한 습관을 기르고, 신앙의 기초를 든든히 세워가도록 인도하여 주옵소서. 저희 자녀가 기도와 묵상의 귀한 시간을 통해 하나님과의 첫 깊은 만남을 경험하며 신앙의 습관을 형성하게 하옵소서. 그 습관이 자녀의 영혼에 생명의 근원을 이루게 하옵소서.

하나님, 저희 자녀가 날마다 기도로 하나님과 교제하는 습관을 가지게 하시고, 작은 순간에도 하나님께 나아가 의지하는 자녀가 되게 하옵소서. 성경을 가까이하며 하나님의 말씀을 사랑하는 마음을 키우고, 그 말씀을 삶 속에서 실천하는 지혜를 허락하여 주옵소서. 경건한 습관이 단순한 의무가 아니라, 기쁨과 감사로 자리 잡도록 인도하여 주옵소서.

하나님, 저희 자녀가 거룩한 삶을 추구하며, 세상의 가치보다 하나님의 뜻을 우선하는 신앙을 가지게 하옵소서. 하나님 앞에서 정직하고 순결한 마음을 품으며, 행동과 말에서도 신앙의 향기가 흘러나오게 하옵소서. 하나님을 예배하는 기쁨을 배우고, 성실하게 하나님을 섬기며 살아가는 자녀가 되도록 축복하여 주옵소서.

하나님, 어려운 순간에도 하나님의 말씀을 기억하며 용기를 얻고, 믿음으로 모든 상황을 이겨낼 수 있도록 강한 내면을 허락하여 주옵소서. 바쁜 일상 속에서도 경건의 습관을 잊지 않게 하시고, 하나님과 동행하는 삶을 즐거움으로 여기는 자녀가 되게 하옵소서. 기도와 찬양, 감사와 섬김이 자연스럽게 스며드는 삶을 살아가도록 이끌어 주옵소서.

하나님, 부모인 저희들도 규칙적인 기도와 묵상을 통해 자녀에게 경건한 삶의 본보기를 보이며, 하나님의 뜻을 체험하는 길을 부드럽게 인도하옵소서. 저희 자녀가 매일의 작은 습관들이 모여 크고 단단한 신앙의 터전이 되게 하옵소서.

저희 가정이 기도의 은혜와 묵상의 진리로 하나 되어, 서로를 격려하며 경건한 삶을 살아가는 축복의 공동체가 되게 하옵소서.

이 모든 기도를 살아계신 예수 그리스도의 이름으로 간절히 기도드립니다. 아멘.

선한 영향력을 끼치는 자녀

항상 영원한 빛이 되어 주시는 하나님 아버지,
저희 자녀가 하나님의 사랑과 진리를 따라 살아가며, 세상 속에서 선한 영향력을 끼치는 삶을 살도록 인도하여 주시기를 원하며 기도를 드립니다. 하나님의 사랑을 행동으로 나타내는 귀한 길을 처음으로 경험하며, 그 영향력이 주변에 선한 변화를 일으키게 하옵소서. 작은 선행 하나하나가 모여 큰 사랑의 결실로 이어지게 하옵소서.

하나님, 저희 자녀가 하나님의 사랑을 받은 자로서 그 사랑을 세상에 나누며 살아가게 하옵소서. 말과 행동이 하나님의 빛을 반사하여, 주변 사람들에게 희망과 용기를 주는 자녀가 되게 하시고, 작은 친절과 섬김 속에서도 하나님의 사랑이 전해지도록 축복하여 주옵소서. 정직과 공의를 실천하며, 이웃을 사랑하는 따뜻한 마음을 지니게 하옵소서.

하나님, 저희 자녀가 선한 말과 행동을 통해 친구들과 가족, 이웃에게 긍정적인 영향을 미치며, 하나님의 복음을 삶으로 증거하는 자녀가 되게 하옵소서. 주어진 재능과 시간을 하나님 나라를 위해 사용할 줄 알게 하시고, 세상 속에서도 빛과 소금의 역할을 감당하는 믿음의 사람이 되도록 인도하여 주옵소서.

하나님, 어려운 순간에도 하나님의 말씀을 기억하며 용기를 얻고, 믿음으로 모든 상황을 이겨낼 수 있도록 강한 내면을 허락하여 주옵소서. 타인의 필요를 먼저 생각하며, 이기적인 마음이 아닌 나눔과 배려의 마음을 품는 자녀가 되게 하옵소서. 하나님을 예배하는 기쁨을 배우고, 성실하게 하나님을 섬기며 살아가는 삶을 살도록 축복하여 주옵소서.

하나님, 부모인 저희 먼저 사랑과 섬김의 삶을 실천하며, 자녀가 진실한 선행을 통해 하나님의 은혜를 전할 수 있도록 부드럽고 따뜻히게 인도하옵소서. 저희들도 주변에 선한 영향력을 전하는 삶을 살아, 자녀에게 사랑과 섬김의 본보기가 되게 하옵소서. 저희의 삶이 자녀에게 영원한 빛이 되어, 하나님의 사랑을 널리 전하는 도구가 되게 하시길 소망합니다. 저희 가정이 서로에게 선한 영향력을 주며, 하나님의 진리와 사랑으로 굳건히 서는 축복의 공동체가 되게 하옵소서.

이 모든 기도를 살아계신 예수 그리스도의 이름으로 간절히 기도드립니다. 아멘.

사랑으로 섬기는 자녀

사랑과 전능의 하나님,

저희 자녀가 사랑으로 섬기는 은사를 받아, 이웃에게 자비와 온유를 실천하며, 하나님의 사랑을 나누는 귀한 길을 걷기 원하오며 기도합니다. 그 사랑이 자녀의 삶을 풍성하게 채우게 하옵소서. 저희 자녀가 하나님의 사랑을 본받아 사랑으로 섬기는 삶을 살아가도록 인도하여 주옵소서.

하나님, 저희 자녀가 예수님께서 보여주신 섬김의 본을 따르게 하시고, 자신보다 남을 먼저 생각하며 겸손히 섬기는 마음을 품게 하옵소서. 말과 행동으로 하나님의 사랑을 실천하며, 주변 사람들에게 따뜻한 위로와 기쁨을 주는 자녀가 되게 하옵소서. 작은 일에도 사랑을 담아 행하고, 어려운 이웃을 돌아볼 줄 아는 넓은 마음을 허락하여 주옵소서.

하나님, 저희 자녀가 하나님의 사랑을 경험하고 그것을 나누는 삶을 살게 하시며, 타인을 위해 기도하고 도움의 손길을 내미는 기쁨을 배우게 하옵소서. 이기심과 교만을 멀리하고,

사랑과 온유함으로 섬기는 마음이 넘치는 자녀가 되게 하옵소서. 주어진 재능과 시간을 하나님의 영광을 위해 사용하며, 언제 어디서나 하나님의 사랑을 실천하는 사람이 되도록 인도하여 주시옵소서.

하나님, 어려운 순간에도 하나님의 말씀을 기억하며, 섬김이 곧 축복임을 깨닫게 하시고, 하나님을 의지하는 믿음을 키워 가도록 도와주옵소서. 세상적인 성공이 아니라, 하나님이 기뻐하시는 사랑의 섬김을 목표로 삼는 자녀가 되게 하옵소서. 하나님께서 친히 가르치신 사랑과 섬김이 아이의 삶 속에서 열매 맺도록 역사하여 주옵소서.

하나님, 저희가 온 가족이 서로 사랑하며 섬기는 삶을 실천하여, 자녀가 하나님의 사랑과 은혜를 몸소 전하는 모범을 보고 자라도록 인도하옵소서. 저희 가정이 언제나 하나님의 말씀을 중심으로 살아가며, 하나님의 사랑을 나누는 거룩한 가정이 되게 하옵소서. 서로에게 사랑과 섬김을 실천하며, 하나님의 뜻을 이루는 경건한 공동체로 함께 성장하는 축복의 가정이 되게 하옵소서. 저희 가정이 하나님의 사랑으로 넘치어, 모든 이에게 은혜를 전하는 축복의 공동체가 되게 하시길 기도드립니다.

이 모든 기도를 살아계신 예수 그리스도의 이름으로 간절히 기도드립니다. 아멘.

Part 2
가정과 가족을 위한 기도문

부모에게 순종하는 자녀

  사랑과 은혜의 하나님 아버지,
  오늘도 저희 가정을 지켜 주시고, 하나님의 사랑과 진리 안에서 살아가도록 인도해 주심에 감사드립니다. 하나님께서 저희에게 귀한 생명을 맡기시고, 부모로서 양육할 수 있도록 허락하심도 크신 은혜임을 고백합니다. 저희 자녀가 부모에게 순종하며, 하나님의 말씀을 따라 살아가도록 인도하여 주옵소서.
  하나님, 저희 자녀가 부모를 공경하는 마음을 가지게 하시고, 부모의 가르침과 권면을 기쁨으로 받아들이는 겸손한 태도를 허락하여 주옵소서. 자신의 생각보다 먼저 부모님의 말씀을 귀 기울여 듣고 존중하며, 순종함으로 하나님의 질서를 배워가게 하옵소서. 부모의 사랑을 깨닫고 감사하는 마음을 가지며, 부모님의 기쁨이 되는 자녀로 자라나게 하옵소서.
  하나님, 저희 자녀가 순종을 통해 하나님의 뜻을 배우게 하시고, 부모에게 순종하는 것이 결국 하나님께 순종하는 것임을 깨닫게 하옵소서. 억지로 하는 순종이 아니라, 사랑과 존경의 마음으로 기꺼이 부모님께 순종하는 자녀가 되게 하시고, 말과 행동 속에서 온유한 마음이 드러나게 하옵소서. 부모님이 주시는 교훈을 가볍게 여기지 않고, 올바른 길로 나아가는 데 귀한 지혜로 삼게 하옵소서.

하나님, 어떤 순간에도 부모님의 권면을 따르며 바른 길을 선택하게 하시고, 세상의 가치관보다 하나님의 질서를 따르는 자녀가 되도록 인도하여 주옵소서. 부모님과의 관계 속에서 사랑을 배우고, 그 사랑이 널리 퍼져 주위 사람들과도 화목한 관계를 맺게 하옵소서.

하나님, 부모인 저희들도 자녀가 부모에게 순종하도록 올바른 본이 되게 하시고, 사랑과 인내로 자녀를 양육하며, 자녀가 순종할 수 있도록 격려하고 축복하는 부모가 되게 하옵소서. 저희 가정이 언제나 하나님의 말씀을 중심으로 살아가며, 순종과 사랑이 가득한 가정이 되게 하옵소서.

저희 가정을 통해 하나님의 영광이 드러나게 하시고, 저희 자녀가 장차 부모에게 순종하며, 하나님께 순종하는 하나님의 귀한 도구로 쓰임 받는 복된 삶을 살게 하옵소서.

이 모든 기도를 살아계신 예수 그리스도의 이름으로 간절히 기도드립니다. 아멘.

부모를 존경하고 사랑하는 마음을 갖는 자녀

항상 저희와 동행해 주시는 은혜로운 하나님,
오늘 하루, 같이 해주심에 감사를 드립니다. 저희 자녀가 부모님의 헌신과 사랑을 깊이 깨닫고, 그 귀함을 존경하며 사랑하는 마음을 키워 가기를 원하며 기도를 드립니다. 가정에서 부모님의 따뜻한 인도와 사랑을 처음 체험하며 올바른 순종의 길을 걷게 하옵소서. 이 순종의 마음이 자녀의 신앙 여정에 굳건한 기초가 되게 하옵소서.

하나님, 저희 자녀가 부모를 단순히 순종하는 것에 그치지 않고, 깊은 존경과 사랑의 마음을 품게 하옵소서. 부모님의 사랑과 희생을 깨닫고 감사하는 자녀가 되게 하시고, 부모님을 존중하는 태도와 말로 사랑을 표현할 줄 아는 자녀로 자라나게 하옵소서. 부모님의 가르침을 귀하게 여기고, 하나님의 말씀을 따라 순종하는 기쁨을 배우게 하옵소서.

하나님, 저희 자녀가 부모를 통해 하나님의 사랑을 경험하게 하시고, 가정에서 받은 사랑을 세상에도 전할 수 있는 따뜻한 마음을 품게 하옵소서. 부모와의 관계 안에서 신뢰와 존경이 깊어지게 하시고, 가정 안에서 화목과 평안이 흘러넘치게 하옵소서. 단순한 순종이 아니라, 사랑과 감사가 담긴 관계 속에서 부모님과 함께 신앙을 나누는 기쁨을 배우게 하옵소서.

하나님, 어려운 순간에도 부모님께 의지하며 조언을 구할 줄 아는 겸손함을 허락하시고, 부모님의 지혜를 따라 바른 길을 선택하는 자녀가 되게 하옵소서. 가정에서 배운 사랑과 존경의 마음이 자라나, 세상 속에서도 예의 바르고 배려심 있는 사람으로 성장하게 하옵소서. 부모님께 받은 사랑을 다른 이들에게도 나누며, 따뜻한 손길을 내미는 자녀가 되도록 축복하여 주옵소서.

하나님, 부모인 저희들도 자녀가 부모를 존경하고 사랑할 수 있도록 올바른 본이 되게 하소서. 저희는 언제나 하나님의 말씀에 귀 기울이며, 자녀가 진실한 순종과 겸손으로 성장할 수 있는 본을 보일 수 있게 사랑으로 인도하옵소서. 저희의 삶이 자녀에게 하나님의 뜻을 전하는 등불이 되게 하옵소서.

저희 가정이 서로 존중하고 사랑하며 하나님의 은혜 속에서 한 마음으로 성장하는 축복의 공동체가 되게 하옵소서.

이 모든 기도를 살아계신 예수 그리스도의 이름으로 간절히 기도드립니다. 아멘.

형제, 자매와 함께 화목한 자녀

생명을 주시고 주관하시는 하나님 아버지,

오늘도 저희 가정을 하나님의 따스한 품 안에 머물게 하시니 감사드립니다. 하나님께서 저희 자녀의 발걸음을 인도하시고, 진리와 사랑의 길로 이끌어 주심에 깊은 감사를 드립니다. 부모로서 하나님의 지혜와 은혜를 받아 이 귀한 생명을 바르게 양육할 수 있도록 힘과 용기를 허락해 주시옵소서. 저희 자녀들이 형제, 자매와 화목하며 서로 사랑하는 마음을 품고 살아가도록 인도하여 주옵소서.

하나님, 저희 자녀들이 형제, 자매를 경쟁자로 여기기보다 하나님께서 주신 귀한 선물로 여기게 하시고, 서로 돕고 배려하는 따뜻한 마음을 가지게 하옵소서. 다툼과 오해가 생길 때에도 화해할 줄 아는 마음을 허락하시고, 사랑과 용서가 가득한 관계를 맺어가게 하옵소서.

하나님, 저희 자녀들이 형제, 자매를 존중하며 그들의 감정을 이해하고, 함께 기뻐하고 함께 슬퍼할 줄 아는 공감의 마음을 가지게 하옵소서. 말과 행동 속에서 서로를 배려하며, 따뜻한 격려와 사랑을 나누는 가정의 기쁨을 배우게 하옵소서. 어려운 순간에도 함께 의지하고 도우며, 서로에게 위로가 되는 형제, 자매의 관계가 되게 하옵소서.

하나님, 어린 시절부터 화목한 관계를 형성하며, 나이가 들어서도 서로를 위해 기도하고 지지해 주는 신실한 관계로 자라가게 하옵소서. 가족 안에서 형제, 자매 간의 사랑을 배우고, 이를 세상 속에서도 실천하는 자녀들 되게 하시며, 다른 사람들과도 평화롭게 지내는 태도를 갖추게 하옵소서.

하나님, 저희가 가정에서 형제자매 간의 화합과 따뜻한 유대를 실천하는 모습을 보이며, 자녀들이 서로를 이해하고 아껴주는 마음으로 하나 되는 법을 배우게 하옵소서. 각자의 다름 속에서 조화로운 사랑을 이루며 하나님의 평화를 나누는 자녀들로 자라게 하시어, 저희 가정이 화목과 온유함으로 넘치는 축복의 공동체가 되게 하옵소서.

이 모든 기도를 살아계신 예수 그리스도의 이름으로 간절히 기도드립니다. 아멘.

가정 안에서 사랑을 배우는 자녀

보호하시고 자비로우신 하나님,

저희 가정을 날마다 보호하시고, 자녀에게 주신 생명의 기적을 소중히 여기게 하심에 감사를 드립니다. 하나님의 말씀 안에서 밝은 미래를 꿈꾸며, 부모가 신실하게 하나님의 뜻을 따를 수 있도록 인도해 주시고, 저희 자녀가 하나님의 사랑 속에서 건강하게 자라나게 하여 주시옵소서. 저희 자녀가 가정 안에서 사랑을 배우며, 하나님의 사랑을 실천하는 삶을 살아가도록 인도하여 주옵소서.

하나님, 저희 자녀가 가정이 하나님께서 허락하신 사랑의 터전임을 깨닫고, 부모와 형제, 자매와 함께 사랑을 나누는 기쁨을 배우게 하옵소서. 말과 행동으로 사랑을 표현하는 법을 익히며, 따뜻한 마음을 가지고 가족을 소중히 여기는 자녀가 되게 하옵소서.

하나님, 저희 자녀가 사랑을 받는 것뿐만 아니라, 베푸는 사랑도 배우게 하시고, 감사하는 마음으로 가족을 섬길 줄 아는 겸손한 자세를 허락하여 주옵소서. 부모의 가르침과 사랑을 통해 하나님의 사랑을 경험하게 하시고, 그 사랑이 자연스럽게 흘러넘쳐 다른 이들에게도 전해지게 하옵소서.

하나님, 저희 가족이 서로를 의지하며 기도하고 격려하는 법을 배우게 하시고, 갈등이 생길 때에는 용서하고 화해하는 마음을 가지게 하옵소서. 사랑의 실천이 말에 그치지 않고 행동으로 이어지게 하시며, 가정 안에서 참된 사랑과 평안이 자리 잡도록 축복하여 주옵소서.

하나님, 저희가 가정에서 하나님의 사랑을 실천하며, 자녀들에게 따뜻한 정과 배려를 가르치는 본을 보이게 하옵소서. 자녀들이 가정의 품 안에서 사랑의 깊이를 배우며 서로에게 헌신하는 마음을 키우게 하옵소서. 하나님의 사랑이 넘치는 가정 안에서 자라난 자녀들이, 세상에서 하나님의 은혜를 전하는 삶을 살게 하시어, 저희 가정이 사랑의 본질을 온전히 체험하는 축복의 공동체가 되게 하옵소서.

이 모든 기도를 살아계신 우리 주 예수 그리스도의 이름으로 간절히 기도드립니다. 아멘.

가족과 함께 신앙을 키워가는 자녀

늘 사랑으로 감싸주시는 은혜의 하나님,

오늘도 저희 가정을 하나님의 무한한 사랑으로 감싸주시고, 소중한 자녀에게 주신 생명의 선물을 깊이 감사드립니다. 부모로서 하나님의 진리와 인도하심에 따라 자녀를 양육할 수 있도록 지혜와 인내를 더해 주시며, 저희의 모든 걸음마다 하나님의 축복이 함께 하시길 간절히 기도드립니다. 저희 자녀가 가정 안에서 신앙을 배우며, 가족과 함께 믿음을 키워가도록 인도하여 주옵소서.

하나님, 저희 자녀가 가족이 함께 예배하고 기도하는 시간이 하나님께서 주신 가장 귀한 축복임을 깨닫게 하시고, 부모와 형제, 자매와 함께 하나님을 공경하며 신앙을 나누는 기쁨을 배우게 하옵소서. 가정에서 드리는 작은 기도와 찬양이 삶의 중심이 되며, 신앙이 자연스럽게 성장하도록 이끌어 주옵소서.

하나님, 저희 자녀가 하나님의 말씀을 읽고 묵상하는 습관을 가지게 하시고, 부모와 함께 성경을 나누며 하나님의 뜻을 깨닫는 지혜를 허락하여 주옵소서. 가족들이 함께 신앙의 여정을 걸으며 서로를 격려하고 기도로 세워가는 복된 가정이 되게 하옵소서.

하나님, 어떤 순간이 저희들에게 닥쳐와도 가족들이 서로를 위해 기도하고, 하나님의 인도하심을 구하는 법을 배우게 하옵소서. 신앙 안에서 하나 되어 사랑과 믿음이 더욱 깊어지게 하옵소서. 신앙이 단순한 지식이 아니라 삶 속에서 항상 실천되도록 도와주시고, 가족과 함께 성장하는 기쁨을 누리게 하옵소서.

하나님, 저희가 가정에서 하나님의 말씀과 기도로 신앙의 뿌리를 깊이 내리는 모습을 보이며, 자녀들이 가족과 함께 믿음의 여정을 걸으며 하나님의 사랑을 배우게 하옵소서. 서로의 믿음을 북돋우며 하나님의 진리 속에서 자라나는 자녀들로 성장하게 하시어, 저희 가정이 신앙의 결속력과 은혜로 하나 되는 축복의 공동체가 되게 하옵소서.

이 모든 기도를 살아계신 예수 그리스도의 이름으로 간절히 기도드립니다. 아멘.

부모님의 기도를 듣고 배우는 자녀

 늘 축복으로 이루어 주시는 사랑의 하나님,
 저희 가정에 늘 하나님의 자비와 평안을 허락해 주심에 감사드리며, 오늘도 저희 자녀가 하나님의 인도하심 아래 바른 길을 걷도록 축복해 주심에 감사드립니다. 부모의 역할을 다 할 수 있도록 하나님의 지혜를 부어 주시고, 저희 자녀가 하나님의 빛 속에서 성장하게 하여 주시옵소서. 저희 자녀가 부모의 기도를 들으며 신앙을 배우고, 기도하는 삶을 자연스럽게 익혀가도록 인도하여 주옵소서.
 하나님, 저희 자녀가 부모의 기도를 통해 하나님의 사랑과 능력을 경험하게 하시고, 기도의 가치를 깨달아 삶의 중심으로 삼게 하옵소서. 부모가 하나님 앞에 겸손히 무릎 꿇고 기도하는 모습을 보며, 하나님을 신뢰하는 법을 배우고 믿음으로 성장하는 자녀가 되게 하옵소서.
 하나님, 저희 자녀가 기도를 단순한 습관이 아니라 하나님과의 친밀한 대화로 이해하며, 어려운 순간마다 기도로 하나님께 나아가도록 이끌어 주옵소서. 부모의 기도를 통해 하나님의 음성을 듣고, 그 뜻을 따라 살아가는 지혜로운 자녀가 되게 하옵소서.

하나님, 저희 자녀가 가정에서 기도를 배우며 자연스럽게 감사와 사랑을 표현할 수 있도록 인도하시고, 기도 속에서 하나님의 사랑과 평안을 경험하는 축복을 허락하여 주옵소서. 기도가 가정의 중심이 되어, 저희 가정이 하나님을 의지하고 신앙의 유산을 이어가는 가정이 되게 하옵소서.

하나님, 저희가 가정에서 간절한 기도로 하나님의 뜻을 구하며 살아가는 모습을 통해, 자녀들이 부모의 기도하는 마음을 본받아 스스로도 하나님께 의지하고, 기도의 힘을 체험하게 하옵소서. 기도를 통해 마음의 위로와 소망을 얻으며 하나님의 인도하심을 경험하는 자녀들로 자라게 하시어, 저희 가정이 기도의 은혜로 하나 되는 놀라운 축복의 공동체가 되게 하옵소서.

이 모든 기도를 살아계신 예수 그리스도의 이름으로 간절히 기도드립니다. 아멘.

가정의 평안을 위해 기도하는 자녀

자애로우신 하나님,

저희 가정을 날마다 보호하시고, 저희 자녀에게 주신 귀한 생명의 선물을 소중히 여기게 하심에 진심으로 감사드립니다. 부모로서 하나님의 말씀에 순종하며 자녀를 올바른 길로 인도할 수 있도록 힘과 용기를 더해 주시고, 하나님의 평안이 저희 가정에 넘치도록 인도해 주시옵소서. 저희 자녀가 가정의 평안을 위해 기도하는 삶을 배우며, 사랑과 조화 속에서 성장하도록 인도하여 주옵소서.

하나님, 저희 자녀가 가정이 하나님께서 주신 소중한 축복임을 깨닫게 하시고, 가족 간의 화목과 평안을 위해 기도하는 마음을 품게 하옵소서. 가정에서 일어나는 크고 작은 일들 속에서도 하나님의 도우심을 구하며, 부모와 형제, 자매를 위해 중보하며 기도하는 자녀가 되게 하옵소서.

하나님, 저희 자녀가 기도의 능력을 경험하며, 어려운 순간에도 하나님께 의지하는 법을 배우게 하시고, 사랑과 이해로 가정을 더욱 든든히 세워가는 사람이 되게 하옵소서. 부모님과 형제, 자매를 위해 따뜻한 축복의 기도를 올리며, 하나님께서 주시는 평안을 가정에 흘려보내는 자녀가 되게 하시옵소서.

하나님, 저희 자녀가 가정에서 기도를 배우며 자연스럽게 감사와 사랑을 표현할 수 있도록 인도하시고, 기도 속에서 하나님의 평안과 위로를 경험하는 축복을 허락하여 주옵소서. 기도가 가정의 중심이 되어, 저희 가정이 하나님을 의지하고 신앙의 유산을 이어가는 가정이 되게 하옵소서.

하나님, 저희가 가정에서 평안과 조화를 위한 기도의 생활을 실천하는 모습을 보이며, 자녀들이 하나님의 평화를 마음에 새기고 서로에게 온유함과 이해를 나누는 법을 배우게 하옵소서. 어려움 속에서도 하나님의 위로를 기억하며 화평을 이루는 자녀들로 자라게 하시어, 저희 가정이 하나님의 평안의 은총 아래 조화로운 축복의 공동체가 되게 하옵소서.

이 모든 기도를 살아계신 예수 그리스도의 이름으로 간절히 기도드립니다. 아멘.

부모님과 깊은 대화를 나누는 자녀

  은총의 하나님,
  오늘도 저희 가정을 하나님의 따뜻한 사랑으로 감싸주시고, 소중한 자녀에게 새로운 희망을 부여해 주심에 감사드립니다. 부모가 하나님의 인도와 말씀에 따라 자녀를 섬기며 양육할 수 있도록 지혜와 힘을 허락하시어, 저희 가정에 언제나 하나님의 축복이 깃들게 하여 주시옵소서. 저희 자녀가 부모님과 깊은 대화를 나누며 신뢰와 사랑이 가득한 관계 속에서 성장하도록 인도하여 주옵소서.
  하나님, 저희 자녀가 부모님을 존경하고 사랑하는 마음을 품으며, 자신의 생각과 감정을 솔직하게 표현할 수 있는 용기를 가지게 하옵소서. 부모님과의 대화를 통해 올바른 가치관을 배우고, 삶의 중요한 순간마다 지혜로운 결정을 내릴 수 있도록 인도하여 주옵소서.
  하나님, 저희 자녀가 부모님과의 대화를 통해 신앙과 삶의 의미를 깨닫게 하시고, 서로를 이해하며 격려하는 따뜻한 가정을 이루게 하옵소서. 부모님의 가르침을 가볍게 여기지 않고, 그 말씀을 귀하게 여기며 존중하는 자녀가 되게 하시며, 존경과 순종이 자연스럽게 흘러나오는 삶을 살아가게 하옵소서.

하나님, 어떤 상황에도 부모님과 마음을 나누며 지혜를 구하는 겸손한 태도를 가지게 하시고, 함께 기도하며 하나님의 인도하심을 경험하는 자녀가 되게 하옵소서. 부모님과의 신뢰 깊은 대화를 통해 사랑과 존경을 배우며, 가정을 든든히 세워가는 복된 자녀가 되게 하옵소서.

하나님, 저희가 가정에서 진솔한 대화와 열린 소통을 통해 하나님의 진리를 나누는 모습을 실천할 때, 자녀들이 부모님과 깊은 마음의 대화를 나누며, 서로의 생각과 감정을 솔직하게 나누는 법을 배우게 하옵소서. 그리하여 하나님의 인도하심 속에서 진실한 소통과 신뢰를 쌓는 자녀들로 자라게 하시어, 저희 가정이 말과 마음의 교감으로 풍성한 축복의 공동체가 되게 하옵소서.

이 모든 기도를 살아계신 예수 그리스도의 이름으로 간절히 기도드립니다. 아멘.

가족과 함께 감사의 시간을 갖는 자녀

항상 저희에게 축복을 주시고 살펴주시는 하나님,
저희 가정에 주신 하나님의 은혜와 보호에 감격하며, 오늘도 저희 자녀가 하나님의 인도하심 아래 올바른 길을 찾아 나가게 하심에 감사드립니다. 부모로서 신실한 마음으로 양육의 사명을 다할 수 있도록 도와주시고, 하나님의 자비와 사랑이 늘 함께 하도록 인도해 주시옵소서. 저희 자녀가 가족과 함께 감사의 시간을 가지며, 하나님께서 주신 모든 은혜를 기억하고 나누는 삶을 살도록 인도하여 주옵소서.

하나님, 저희 자녀가 매일의 삶 속에서 감사할 이유를 찾게 하시고, 작은 일에도 감사를 표현하는 습관을 가지게 하옵소서. 가족과 함께 모여 하나님께 받은 은혜를 나누고, 서로를 위해 감사하며 기도하는 기쁨을 배우게 하옵소서. 감사가 가정의 중심이 되어서 모든 순간들이 하나님의 축복임을 깨닫게 하옵소서.

하나님, 저희 자녀가 감사하는 마음을 통해 겸손을 배우고,

가족과 더욱 깊이 연결되는 사랑을 경험하게 하옵소서. 불평보다 감사를 먼저 표현하며, 어떤 상황에서도 긍정적인 태도로 하나님의 뜻을 신뢰하는 자녀가 되게 하옵소서. 부모님과 형제, 자매와 함께 감사의 기도를 드리는 시간을 소중히 여기게 하시고, 그 시간을 통해 하나님의 사랑을 더욱 깊이 경험하게 하옵소서.

하나님, 세상의 모든 일들 속에서도 감사할 수 있는 믿음을 허락하시고, 기도의 시간을 통해 더욱 하나님을 의지하는 삶을 살아가게 하옵소서. 감사가 단순한 말이 아닌 삶의 중심이 되어, 늘 감사하는 마음으로 하나님과 동행하는 자녀가 되도록 축복하여 주옵소서.

하나님, 저희가 가정에서 매일 하나님의 은혜에 감사하며 기쁨을 나누는 모습을 보임으로써, 자녀들이 작은 일에도 하나님의 사랑을 깨닫고 가족과 함께 진심 어린 감사의 시간을 누리게 하옵소서. 서로의 감사함을 공유하며 하나님의 선하심을 체험하는 자녀들로 자라게 하시어, 저희 가정이 감사와 찬양으로 충만한 축복의 공동체가 되게 하옵소서.

이 모든 기도를 살아계신 예수 그리스도의 이름으로 간절히 기도드립니다. 아멘.

감정과 마음을 다스릴 줄 아는 자녀

사랑과 진리의 하나님,

오늘도 저희 가정을 하나님의 크신 사랑으로 이끌어 주시니 감사드립니다. 저희 자녀에게 주신 생명의 귀함을 깊이 깨닫게 하시고, 부모가 하나님의 말씀을 따라 올바르게 양육할 수 있도록 지혜와 힘을 주시며, 저희의 가정에 하나님의 평안이 가득하기를 간구합니다. 저희 자녀가 감정이 복받칠 때에도 마음을 다스릴 줄 알고, 하나님의 평안을 구하는 자녀로 성장하도록 인도하여 주옵소서.

하나님, 저희 자녀가 화가 나거나 속상한 순간에도 하나님의 말씀을 떠올리며, 감정을 절제하는 지혜를 배우게 하옵소서. 감정을 솔직하게 표현하되, 남을 상하게 하는 말과 행동이 아닌, 온유함과 사랑으로 반응할 줄 아는 자녀가 되게 하옵소서. 스스로의 감정을 조절할 수 있는 인내와 평온함을 허락하여 주옵소서.

하나님, 저희 자녀가 가족과의 관계 속에서 갈등을 겪을 때에도 급한 마음보다 하나님의 뜻을 먼저 구하며, 이해와 배려로 화합하는 법을 배우게 하옵소서. 분노를 품기보다 용서할 수 있는 넓은 마음을 주시고, 짜증과 불만보다 감사와 평온의 언어를 사용할 수 있도록 인도하여 주옵소서.

하나님, 매 순간순간마다 기도를 통해 하나님의 도우심을 구하고, 감정을 다스리는 법을 배워나가게 하옵소서. 성령님께서 자녀의 마음을 다스려 주셔서, 조급함과 불안이 아닌 하나님의 평안과 사랑으로 가득 채워지게 하옵소서. 자신의 감정을 올바로 이해하고 표현할 줄 알며, 감정이 격해질 때마다 하나님 앞에 나아가는 자녀가 되게 하옵소서.

하나님, 저희가 가정에서 하나님 앞에 솔직한 감정을 드러내며 평온과 자제의 본을 보임으로써, 자녀들이 자신의 감정을 하나님께 맡기고 지혜롭게 다스리는 법을 배우게 하옵소서. 기쁨과 슬픔 속에서도 하나님의 위로와 인도하심을 의지하며 서로에게 따뜻한 이해를 전하는 자녀들로 자라게 하시어, 저희 가정이 하나님의 평안과 사랑으로 굳건히 서는 축복의 공동체가 되게 하옵소서.

이 모든 기도를 살아계신 예수 그리스도의 이름으로 간절히 기도드립니다. 아멘.

가족을 먼저 생각하는 자녀

자비로우신 아버지,

저희 가정을 날마다 하나님의 보호 아래 두시고, 소중한 자녀에게 주신 생명의 기쁨을 누리게 하심에 감사드립니다. 부모로서 하나님의 인도하심에 따라 자녀가 하나님의 진리와 사랑 속에서 성장할 수 있도록 도와주시고, 언제나 하나님의 축복이 넘치도록 하여 주시옵소서. 저희 자녀가 자신의 필요보다 가족을 먼저 생각하는 사랑과 배려의 마음을 배우며 성장하도록 인도하여 주옵소서.

하나님, 저희 자녀가 가정이 하나님께서 허락하신 축복임을 깨닫고, 부모와 형제, 자매를 귀히 여기며 가족의 필요를 우선하는 자녀가 되게 하옵소서. 자신의 감정보다 가족의 기쁨과 화목을 먼저 생각하며, 사랑과 희생을 실천하는 따뜻한 마음을 가지게 하옵소서.

하나님, 저희 자녀가 가족 간의 관계 속에서 이해와 용서를 배우고, 자신의 생각과 의견을 존중받는 만큼 가족의 감정과 의견도 존중하는 법을 배우게 하옵소서. 말과 행동 속에서 가족을 배려하는 태도를 가지며, 사랑의 언어와 따뜻한 손길을 통해 가족을 섬길 줄 아는 자녀로 자라게 하옵소서.

하나님, 이곳저곳에서 몰려오는 그 어떤 어려운 순간에도 가족과 함께 기도하며, 서로를 격려하고 의지할 수 있도록 마음을 열어주시고, 가족이 함께할 때의 소중함을 늘 기억하게 하옵소서. 가족을 위한 기도를 습관화하며, 감사와 사랑을 표현하는 자녀가 되도록 축복하여 주옵소서.

하나님, 저희가 가정에서 먼저 가족의 사랑과 관심을 우선시하는 모습을 실천하게 하옵소서. 자녀들이 자신의 이익보다 형제자매와 부모님의 필요를 먼저 헤아리고 도울 줄 아는 따뜻한 마음을 배우게 하옵소서. 서로를 먼저 생각하며 헌신하는 자녀들로 자라게 하시어, 저희 가정이 하나님의 사랑을 실천하는 모범 공동체가 되게 하옵소서.

이 모든 기도를 살아계신 예수 그리스도의 이름으로 간절히 기도드립니다. 아멘.

가정에서 기도의 자리를 지키는 자녀

온화로우시며 항상 은혜로 이끌어 주시는 하나님,

오늘도 저희 가정을 하나님의 따스한 품속에 머물게 하시고, 저희에게 주신 소중한 생명의 선물에 감사를 드립니다. 부모들이 먼저 하나님의 지혜와 인도하심에 따라 신실하게 양육의 길을 걸을 수 있도록 힘주시고, 하나님의 평안과 기쁨이 저희 가정에 넘치게 하여 주시옵소서. 저희 자녀가 가정에서 기도의 자리를 지키며, 하나님과 동행하는 삶을 살도록 인도하여 주옵소서.

하나님, 저희 자녀가 기도의 소중함을 깨닫고, 삶 속에서 언제나 하나님께 기도로 나아가는 습관을 가지게 하옵소서. 가족과 함께 기도하며 하나님의 뜻을 구하는 기쁨을 누리게 하시고, 어떤 상황에서도 기도를 우선하는 자녀가 되게 하옵소서.

하나님, 저희 자녀가 하루를 시작하며 감사의 기도로 하나님께 나아가고, 어려운 순간마다 하나님께 의지하며 기도하는 법을 배우게 하옵소서. 기도를 통해 하나님의 음성을 듣고 순종하는 지혜를 허락하시며, 기도의 시간이 하나님과 더욱 친밀해지는 축복의 시간이 되게 하옵소서.

하나님, 어려운 순간에도 기도의 자리에서 떠나지 않도록 믿음을 더하여 주시고, 가정이 함께 기도하는 시간을 소중히 여기며, 가정을 위한 기도를 습관화하는 자녀가 되게 하옵소서. 자신의 문제뿐만 아니라, 부모와 형제, 자매를 위한 중보 기도를 드리며 사랑을 실천하는 자녀로 성장하게 하옵소서.

하나님, 저희가 가정에서 매 순간 기도의 소중함을 몸소 실천할 때, 자녀들이 하나님의 임재 앞에서 언제나 기도의 자리를 지키고 믿음의 뿌리를 깊이 내리게 하옵소서. 하루의 시작과 끝마다 기도로 하나님의 위로와 힘을 체험하는 자녀들로 자라게 하시어, 저희 가정이 기도의 능력으로 서로를 격려하는 평안의 터전이 되게 하옵소서.

이 모든 기도를 살아계신 예수 그리스도의 이름으로 간절히 기도드립니다. 아멘.

가정을 통해 하나님의 사랑을 배우는 자녀

자애하신 하나님,

오늘도 저희 가정에 주신 무한한 사랑과 축복에 감사를 드리며, 저희 자녀에게 생명의 귀함을 부여해 주심에 진심으로 감사드립니다. 부모로서 하나님의 인도하심에 따라 올바른 양육을 실천할 수 있도록 힘과 용기를 더해 주시며, 하나님의 평안이 늘 함께 하게 하여 주시옵소서. 저희 자녀가 가정을 통해 하나님의 사랑을 배우며, 그 사랑을 실천하는 삶을 살도록 인도하여 주옵소서.

하나님, 저희 자녀가 가정 안에서 따뜻한 사랑을 경험하며, 부모와 형제, 자매를 통해 하나님의 사랑이 무엇인지 깨닫게 하옵소서. 사랑받는 기쁨을 알게 하시고, 그 사랑을 다른 이들에게도 나눌 줄 아는 자녀가 되게 하옵소서.

하나님, 저희 자녀가 하나님의 사랑이 늘 가정 안에 머물러 있음을 깨닫고, 감사와 기쁨으로 가족을 섬길 줄 아는 마음을 가지게 하옵소서. 부모님과의 대화를 통해 신앙을 배우고, 형제, 자매와의 관계 속에서 용서와 배려를 실천하는 자녀로 자라게 하옵소서.

하나님, 뜻대로 되지 않아 힘들고, 지치고, 어려운 순간에도 하나님의 사랑이 저희 가정을 지켜 주심을 믿고, 실망하거나 낙심할 때에도 하나님의 사랑을 기억하며, 다시 일어나는 자녀가 되게 하옵소서. 작은 일에도 감사하는 마음을 품고, 사랑과 친절로 가족과 주위 사람들을 섬기는 따뜻한 마음을 가지게 하옵소서.

하나님, 저희가 가정에서 하나님의 사랑과 자비를 나누며 살아가는 모습을 통해, 자녀들이 가정 안에서 하나님의 크신 사랑을 직접 배우고 체험하게 하옵소서. 서로에게 따뜻한 마음과 사랑과 격려를 전하는 자녀들로 자라게 하시어, 저희 가정이 하나님의 사랑을 깊이 경험하는 놀라운 은혜의 거처가 되게 하옵소서.

이 모든 기도를 살아계신 예수 그리스도의 이름으로 간절히 기도드립니다. 아멘.

가정의 어려움을 함께 기도로 나누는 자녀

은총의 하나님,

저희 가정을 하나님의 보호와 자비로 채워 주심에 감사드리며, 오늘도 저희 자녀가 하나님의 진리 속에서 바른 길을 찾아 가게 하심에 감사드립니다. 저희가 하나님의 말씀에 순종하며 자녀를 사랑으로 양육할 수 있도록 지혜와 인내를 부어 주시고, 하나님의 축복이 가득한 날들이 되게 하여 주시옵소서. 저희 자녀가 가정의 어려움을 함께 기도로 나누며 의지하는 삶을 살도록 인도하여 주옵소서.

하나님, 저희 자녀가 가정 안에서 기도의 능력을 배우며, 부모와 형제, 자매와 함께 어려운 순간에도 하나님 앞에 기도로 나아가는 법을 깨닫게 하옵소서. 가정의 기쁨뿐만 아니라 어려움과 걱정도 함께 나누며, 하나님께 모든 것을 맡기는 믿음을 가지게 하옵소서.

하나님, 저희 자녀가 하나님의 사랑이 늘 가정 안에 머물러 있음을 깨닫고, 감사와 기쁨으로 가족을 위해 기도하는 습관을 가지게 하옵소서. 부모님과 함께 기도하며 신앙을 배우고, 형제, 자매와 서로를 위해 기도하는 삶을 실천하는 자녀로 자라게 하옵소서.

하나님, 어려운 순간에도 하나님의 사랑이 저희 가정을 지켜 주심을 믿고, 실망하거나 낙심할 때에도 하나님께 의지하며 기도하는 자녀가 되게 하옵소서. 작은 일에도 감사하는 마음을 품고, 사랑과 친절로 가족과 주위 사람들을 섬기는 따뜻한 마음을 가지게 하옵소서.

하나님, 부모된 저희가 가정에서 어려운 순간마다 기도로 서로의 마음을 어루만지는 모습을 보일 때, 자녀들이 가정의 고난과 시련을 함께 나누며 하나님의 도우심을 구하는 법을 배우게 하옵소서. 고난 속에서도 하나님의 위로와 평안을 체험하는 자녀들로 자라게 하시어, 저희들의 가정이 슬픔 가운데서도 사랑으로 굳건히 서는 공동체가 되게 하옵소서.

또한, 어려움 속에서 서로의 아픔을 깊이 공감하며 진심 어린 기도로 서로를 격려하게 하시고, 하나님의 치유와 회복의 은혜가 매 순간 임하도록 인도하여 주시옵소서. 이로써 저희들의 가정이 고난을 이겨내는 믿음의 증거가 되어, 하나님의 사랑으로 충만한 기쁨의 터전이 되게 하옵소서.

이 모든 기도를 살아계신 예수 그리스도의 이름으로 간절히 기도드립니다. 아멘.

가족을 도울 줄 아는 자녀

　사랑과 은혜의 하나님,
　오늘도 저희 가정을 하나님의 따스한 손길로 이끌어 주시고, 소중한 자녀에게 주신 생명의 선물을 감사드리며, 그 귀함을 깊이 새깁니다. 부모가 하나님의 진리와 말씀에 따라 올바른 길을 선택하며 양육할 수 있도록 도와주시고, 하나님의 축복과 평안이 저희의 모든 날에 함께 하시기를 기도합니다. 저희 자녀가 가족을 돕고 섬기는 따뜻한 마음을 품으며 살아가도록 인도하여 주옵소서.
　하나님, 저희 자녀가 가족의 필요를 헤아릴 줄 아는 지혜를 가지고, 작은 일에도 기쁨으로 돕는 자녀가 되게 하옵소서. 가족을 위해 자신의 시간을 내어 봉사할 줄 알며, 부모와 형제, 자매를 돕는 기쁨을 배우게 하옵소서. 스스로 해야 할 일을 성실히 감당하며, 가족이 힘들 때 함께 짐을 나누는 배려 깊은 마음을 가지게 하옵소서.
　하나님, 저희 자녀가 하나님의 사랑이 늘 가정 안에 머물러 있음을 깨닫고, 감사와 기쁨으로 가족을 섬기며 나누는 삶을 실천하게 하옵소서. 부모님과 함께 가정의 일을 나누고, 형제, 자매와 협력하여 더욱 화목한 가정을 이루게 하옵소서.

하나님, 어려운 순간에도 하나님의 사랑이 저희 가정을 지켜 주심을 믿고, 낙심하거나 힘들 때에도 하나님께 의지하며 서로 돕는 따뜻한 가정을 만들어 가는 자녀가 되게 하옵소서. 작은 일에도 감사하는 마음을 품고, 사랑과 친절로 가족과 주위 사람들을 섬기는 따뜻한 마음을 가지게 하옵소서.

하나님, 부모된 저희가 가정에서 서로 도우며 하나님의 섬김을 실천하는 본을 보일 때, 자녀들이 스스로 가족의 필요를 돌아보고 기꺼이 도움의 손길을 내미는 따뜻한 마음을 배우게 하옵소서. 서로를 섬기고 이해하는 자녀들로 자라게 하시어, 저희들의 가정이 하나님의 은혜를 실천하는 섬김의 공동체가 되게 하옵소서.

하나님, 매일의 작은 실천 속에서 사랑의 행동이 확산되어 모든 가족 구성원이 서로에게 힘과 위로가 되도록 인도해 주시고, 하나님의 섬김의 모범을 따라 자라나는 자녀들을 통해 세상에 따뜻한 빛과 희망이 전해지게 하옵소서.

이 모든 기도를 살아계신 예수 그리스도의 이름으로 간절히 기도드립니다. 아멘.

부모님의 신앙을 본받는 자녀

늘 사랑으로 돌봐 주시는 은혜로우신 하나님, 저희 가정을 하나님의 자비와 보호 속에 머물게 하시고, 오늘도 저희 자녀에게 주신 생명의 축복에 감사를 드립니다. 부모로서 하나님의 말씀을 따라 사랑과 책임감으로 자녀를 양육할 수 있도록 지혜와 힘을 주시며, 하나님의 평안이 저희 가정에 충만하게 하여 주시옵소서. 저희 자녀가 부모의 신앙을 본받아 하나님을 공경하며, 믿음의 삶을 살아가도록 인도하여 주옵소서.

하나님, 저희 자녀가 부모의 기도하는 모습을 보며 기도의 가치를 깨닫고, 신앙이 단순한 형식이 아니라 하나님과의 깊은 교제임을 배우게 하옵소서. 부모가 하나님을 의지하는 모습을 통해 하나님을 더욱 신뢰하게 하시고, 삶의 모든 순간에 하나님을 찾는 믿음을 가지게 하옵소서.

하나님, 저희 자녀가 성경을 가까이하고 하나님의 말씀을 사랑하는 부모의 모습을 본받아, 말씀을 묵상하며 순종하는 삶을 살게 하옵소서. 부모가 드리는 예배를 함께하며 하나님께 드리는 경배가 얼마나 귀한 것인지 깨닫고, 기쁨으로 예배하는 자녀가 되게 하옵소서.

하나님, 어려운 순간에도 부모님의 신앙을 보며 흔들리지 않는 믿음을 배우고, 어떠한 상황 속에서도 하나님을 신뢰하는 강한 믿음의 사람이 되도록 인도하여 주옵소서. 부모님이 하나님의 뜻에 따라 행하는 모습을 보고, 순종과 사랑의 가치를 배워 삶 속에서 실천하게 하옵소서.

하나님, 부모된 저희가 가정에서 믿음의 모범을 보이며 하나님의 말씀에 충실히 살아가는 모습을 통해, 자녀들이 부모님의 신앙을 닮아 굳건한 믿음과 순종과 기도의 삶을 배우게 하옵소서. 하나님의 진리 안에서 성장하는 자녀들로 자라게 하시어, 저희들의 가정이 신앙의 본을 세우는 축복의 터전이 되게 하옵소서.

또한, 매일의 기도와 말씀 생활을 통해 영적인 유산이 자녀들에게 전해지게 하시며, 하나님의 도우심으로 모든 도전에 굳건히 서는 믿음의 증거가 되도록 인도해 주시옵소서.

이 모든 기도를 살아계신 예수 그리스도의 이름으로 간절히 기도드립니다. 아멘.

가정 안에서 하나님을 경험하는 자녀

자비와 사랑의 하나님,

오늘도 저희 가정을 하나님의 은혜 속에 감싸주시고, 소중한 소중한 하루를 선물로 주심에 깊은 감사를 드립니다. 저희가 부모된 자들로 하나님의 인도와 진리로 자녀를 바르게 양육할 수 있도록 도와주시며, 저희 가정에 하나님의 평강과 은혜와 축복이 흘러 넘치도록 인도해 주시옵소서. 저희 자녀가 가정 안에서 하나님의 임재를 경험하고, 믿음의 삶을 살아가도록 인도하여 주옵소서.

하나님, 저희 자녀가 가정에서 하나님의 사랑과 은혜를 체험하며, 하나님과의 교제가 일상의 일부가 되게 하옵소서. 부모가 기도하고 예배하는 모습을 보며 신앙을 배우고, 하나님을 더욱 가까이하는 자녀가 되도록 이끌어 주옵소서.

하나님, 저희 아이가 성경을 가까이하며 하나님의 말씀을 사모하는 마음을 가지게 하시고, 가정에서 함께 말씀을 나누고 실천하는 기쁨을 배우게 하옵소서. 하나님을 향한 공경심과 사랑이 깊어져, 가정 안에서 하나님을 경험하는 순간들이 쌓여가게 하옵소서.

하나님, 어려운 순간에도 하나님께서 함께하심을 깨닫고, 기도와 찬양을 통해 하나님의 위로와 인도하심을 경험하는 자녀가 되게 하옵소서. 부모와 함께 기도하며 하나님께서 역사하시는 은혜를 체험하고, 믿음으로 살아가는 힘을 얻게 하옵소서.

하나님, 부모된 저희가 가정에서 하나님의 은혜와 임재를 깊이 체험하며 살아갈 때, 자녀들이 매 순간 하나님의 사랑과 인도하심을 경험하게 하옵소서. 일상의 소소한 순간마다 하나님의 기적을 발견하며 감사하는 마음으로 자라게 하시어, 저희들의 가정이 하나님과의 친밀한 만남 속에 기쁨을 누리는 거룩한 안식처가 되게 하옵소서.

하나님, 가정 내에서 하나님의 음성을 듣고 기도를 통해 은총을 체험하게 하시며, 모든 순간 하나님의 소망과 위로가 넘치도록 인도하여 주시옵소서.

이 모든 기도를 살아계신 예수 그리스도의 이름으로 간절히 기도드립니다. 아멘.

작은 일에도 감사하는 습관을 갖는 자녀

생명을 주관하시는 사랑의 하나님,

저희 가정에 항상 하나님의 은총과 보호가 함께 하심에 감격하며, 오늘도 저희 자녀가 하나님의 빛 속에서 건강하게 성장하도록 인도해 주심에 감사드립니다. 부모가 하나님의 말씀을 따라 자녀를 올바르게 양육할 수 있도록 지혜와 힘을 더해 주시고, 하나님의 자비가 저희의 모든 순간에 함께 하기를 기도드립니다. 저희 자녀가 삶 속에서 작은 일에도 감사하는 습관을 갖고, 하나님의 은혜를 깊이 깨닫는 자녀로 성장하도록 인도하여 주옵소서.

하나님, 저희 자녀가 일상의 사소한 순간에도 감사할 줄 아는 마음을 가지게 하시고, 받은 은혜를 쉽게 잊지 않도록 인도하여 주옵소서. 숨 쉬는 것, 건강하게 자라는 것, 가족과 함께하는 것, 모든 것이 하나님의 은혜임을 깨닫고, 늘 감사하는 태도를 가질 수 있도록 도와주옵소서.

하나님, 저희 자녀가 힘든 순간에도 불평과 원망이 아니라 감사의 기도를 드리며 하나님의 선하심을 절대적으로 신뢰하게 하옵소서. 감사가 습관이 되어 어떤 상황 속에서도 긍정적인 마음을 품고, 하나님의 인도하심을 믿으며 살아가는 자녀가 되게 하옵소서.

하나님, 작은 일에도 기뻐하며 감사하는 마음을 표현할 줄 알고, 가족과 이웃에게 따뜻한 말과 행동으로 사랑을 전하는 자녀가 되도록 축복하여 주옵소서. 부모님과 함께 감사의 시간을 갖고, 하루를 돌아보며 하나님께 감사 기도를 올리는 습관이 자리 잡게 하옵소서.

하나님, 부모된 저희가 가정에서 매일 하나님의 축복에 감사하며 살아가는 모습을 본받아, 자녀들이 사소한 일에도 진심으로 감사하는 마음을 품고 찬양할 수 있도록 인도하옵소서. 작은 감사가 큰 기쁨으로 이어지는 자녀들로 자라게 하시어, 저희들의 가정이 감사의 기쁨으로 충만한 축복의 터전이 되게 하옵소서.

더 나아가, 자녀들이 매일의 생활 속에서 하나님의 선하심을 발견하며, 감사의 마음이 그들의 삶에 기쁨과 평안을 가져다주도록 도와 주시옵소서.

이 모든 기도를 살아계신 예수 그리스도의 이름으로 간절히 기도드립니다. 아멘.

가족과 함께 성경을 읽는 자녀

언제나 동행하시며 돌보아 주시는 은혜의 하나님,

오늘도 저희 가정을 하나님의 사랑과 인도하심으로 감싸주시고, 소중한 자녀를 돌보아 주시는 축복에 감사드립니다. 부모로서 하나님의 말씀에 순종하며 자녀가 하나님의 진리와 사랑 속에서 자라날 수 있도록 도와주시고, 저희의 매일이 하나님의 은혜로 채워지게 하여 주시옵소서. 저희 자녀가 가족과 함께 성경을 읽으며 하나님의 말씀을 사랑하는 삶을 살도록 인도하여 주옵소서.

하나님, 저희 자녀가 하나님의 말씀을 사모하는 마음을 가지게 하시고, 성경을 읽으며 하나님의 뜻을 깨닫고 순종하는 자녀로 자라나게 하옵소서. 말씀을 단순히 읽는 것에서 그치는 것이 아니라, 그 안에서 하나님의 음성을 듣고 삶에 적용하는 지혜를 배우게 하옵소서.

하나님, 가족과 함께 성경을 읽는 시간이 기쁨이 되게 하시고, 부모님과 형제, 자매와 함께 말씀을 나누며 신앙이 더욱 깊어지는 축복을 허락하여 주옵소서. 매일매일의 삶 속에서 하나님의 말씀을 기억하고 의지하며 살아가는 자녀가 되게 하옵소서.

하나님, 어려운 순간에도 성경 속의 하나님의 약속을 떠올리며 힘을 얻고, 하나님께서 주시는 평안과 지혜를 경험하는 자녀가 되게 하옵소서. 성경을 가까이하며 하나님과 친밀한 관계를 맺고, 말씀을 통해 하나님의 뜻을 발견하는 삶을 살아가게 하옵소서.

하나님, 부모된 저희가 가정에서 말씀의 소중함을 깨닫고 성경 읽기를 생활화할 때, 자녀들이 가족과 함께 하나님의 진리를 탐구하며 지혜를 쌓아가는 기쁨을 누리게 하옵소서. 말씀의 빛을 따라 성장하는 자녀들로 자라게 하시어, 저희들의 가정이 하나님의 진리로 빛나는 축복의 공동체가 되게 하옵소서.

또한, 매일 말씀을 묵상하며 그 뜻을 삶에 실천하는 기쁨을 누리게 하시고, 자녀들의 마음속에 하나님의 지혜가 깊이 뿌리내리도록 인도하여 주시옵소서.

이 모든 기도를 살아계신 예수 그리스도의 이름으로 간절히 기도드립니다. 아멘.

Part 3

학교생활과 친구 관계를 위한 기도문

학교에서 친구와 좋은 관계를 맺는 자녀

온유하신 하나님,

오늘 저희 가정을 하나님의 따스한 품 안에 머무르게 하시고, 자녀에게 주신 축복된 하루를 주심에 깊이 감사드립니다. 부모로서 주신 그 귀한 선물을 올바르게 보듬으며 양육할 수 있도록 하나님의 도우심과 지혜를 내려 주시고, 저희 자녀가 하나님의 진리와 사랑 속에서 늘 건강하게 성장하도록 인도해 주옵소서. 사랑하는 저희 자녀가 학교에서 좋은 친구들을 만나고, 하나님께서 기뻐하시는 우정을 쌓아가도록 인도하여 주옵소서.

하나님, 저희 자녀가 신앙과 가치관을 함께 나누며 선한 영향을 주고받을 수 있는 좋은 친구를 만나게 하시고, 함께 기뻐하며 성장하는 복을 허락하여 주옵소서. 겉모습이 아닌 마음을 보고 친구를 사귀며, 서로를 존중하고 배려하는 관계를 형성하도록 지혜를 주옵소서.

하나님, 저희 자녀가 친구들 사이에서 사랑과 친절을 베풀며 따뜻한 말과 행동으로 좋은 친구가 되게 하시고, 예수님의 사랑을 친구들에게도 나눌 수 있는 사람이 되게 하옵소서. 친구를 통해 선한 영향을 받으며, 하나님의 뜻을 따라 올바른 길을 걸어가도록 도와주옵소서.

하나님, 어려운 순간에도 함께 기도하고 의지할 수 있는 신실한 친구를 만나게 하시고, 친구들과의 관계 속에서도 하나님의 사랑과 인도하심을 경험하게 하옵소서. 세상의 유혹에 휩쓸리지 않도록 지켜 주시고, 친구들과 함께 바르고 건강한 삶을 살아가게 하옵소서.

하나님, 부모된 저희가 가정에서 사랑과 배려의 가치를 실천할 때, 자녀들이 학교에서도 선한 친구들과 따뜻하고 건강한 관계를 맺으며, 서로에게 격려와 희망을 전하는 법을 배우게 하옵소서. 하나님의 사랑을 나누는 자녀들로 자라게 하시어, 저희들의 가정이 믿음과 우정의 가치를 실천하는 축복의 공동체가 되게 하옵소서.

하나님, 저희 자녀들이 친구들과의 모든 관계 속에서 서로를 이해하고 존중하며, 하나님의 사랑이 넘치는 만남을 이어가도록 인도해 주시옵소서.

이 모든 기도를 살아계신 예수 그리스도의 이름으로 간절히 기도드립니다. 아멘.

학업에 최선을 다하는 자녀

사랑과 은혜가 충만하신 하나님,

오늘도 저희 가정을 하나님의 따뜻한 품 안에 머물게 하시니 감사드립니다. 저희 자녀가 항상 하나님의 사랑을 배우고, 진리의 길을 따라 살아가게 하소서. 세상의 유혹과 헛된 욕망에 흔들리지 않고, 정직과 겸손을 지키는 사람이 되도록 인도하여 주옵소서. 부모인 저희들도 하나님의 말씀을 따라 자녀를 양육하며, 하나님의 뜻을 따라가는 삶을 살도록 지혜와 인내를 허락해 주소서. 하나님께서 언제나 자녀의 걸음을 동행하시고, 저희 가정을 은혜로 채워 주시기를 간절히 기도합니다. 자녀가 학업에 최선을 다하며, 하나님께서 맡겨주신 재능과 기회를 잘 활용하는 삶을 살아가도록 인도하여 주옵소서.

하나님, 저희 자녀가 공부하는 시간을 헛되이 보내지 않게 하시고, 주어진 학업에 성실하고 정직하게 임하도록 지혜와 집중력을 허락하여 주옵소서. 어려운 과목이나 힘든 순간에도 쉽게 포기하지 않고 인내하며 최선을 다하는 태도를 가지게 하옵소서.

하나님, 배움이 단순한 지식의 축적이 아니라 하나님께서 주신 능력을 키우고, 하나님의 뜻을 이루기 위한 과정임을 깨닫게 하옵소서. 공부하는 시간이 의미 있고 기쁨이 넘치는 시간이 되도록 도와주옵소서. 항상 겸손한 마음으로 배우며, 자신이 가진 지식을 선한 영향력으로 사용할 줄 아는 지혜를 허락하여 주옵소서. 시험과 과제 앞에서도 두려움이 아닌 평안한 마음으로 최선을 다하게 하시고, 노력이 정직한 결실을 맺도록 하나님의 도우심을 허락하여 주옵소서. 친구들과 비교하며 낙심하지 않게 하시고, 자기 자신에게 주어진 길을 기쁨으로 걸어가도록 용기와 인내를 주옵소서.

하나님, 부모된 저희가 가정에서 성실과 꾸준함으로 배움의 길을 걸어가는 모습을 통해, 자녀들이 학업에 최선을 다하며 하나님께서 주신 재능을 온전히 발휘할 수 있도록 도와주옵소서. 학문을 통한 깨달음과 꿈을 향해 나아가는 자녀들로 자라게 하시어, 저희들의 가정이 신앙과 학문의 조화를 이루는 축복의 터전이 되게 하옵소서.

또한, 학업의 도전 속에서도 하나님의 지혜와 인내로 어려움을 극복하며, 배움의 열매가 하나님의 영광을 드러내도록 인도해 주시옵소서. 이 모든 기도를 살아계신 예수 그리스도의 이름으로 간절히 기도드립니다. 아멘.

선생님을 존경하는 자녀

거룩하시고 자비로우신 하나님,

새로운 하루를 선물해 주시고, 저희 가정이 하나님의 은혜 속에 있도록 이끌어 주심에 감사드립니다. 사랑하는 자녀가 하나님 안에서 바른 신앙을 갖고, 세상을 향한 빛과 소금의 역할을 감당하는 사람으로 자라게 하소서. 날마다 하나님의 말씀을 가까이하며, 선한 영향력을 끼치는 삶을 살도록 인도하여 주옵소서. 부모 된 저희에게도 하나님의 지혜를 부어 주시어, 자녀를 바른 길로 이끌고 신앙의 본이 될 수 있도록 도와주시옵소서. 저희 자녀가 선생님을 존경하며 겸손한 마음으로 배우고 성장하는 삶을 살아가도록 인도하여 주옵소서.

하나님, 저희 자녀가 선생님의 가르침을 소중히 여기고, 존경하는 태도로 배우는 기쁨을 누리게 하옵소서. 배움을 가볍게 여기지 않고, 가르침을 받는 것을 특권으로 받아들이며 감사하는 마음을 품게 하옵소서.

하나님, 저희 자녀가 선생님께 순종하며 예의 바르게 행동하고, 말과 태도 속에서 존경심이 드러나게 하옵소서. 듣는 귀를 열어 주시고, 지혜로운 가르침을 받을 때 마음을 열어 받아들이는 겸손한 태도를 가지게 하옵소서.

하나님, 어떠한 순간에도 선생님의 조언을 귀 기울여 듣고, 바른 길로 인도하시는 손길을 신뢰하며 따르는 자녀가 되게 하옵소서. 선생님께 감사하는 마음을 표현할 줄 알고, 사랑과 존경으로 기도하며 축복하는 자녀로 자라게 하옵소서.

하나님, 부모된 저희가 가정에서 모든 사람을 존중하는 마음을 실천할 때, 자녀들이 학교에서 선생님의 헌신과 가르침에 감사하며 존경하는 태도를 배우게 하옵소서. 하나님의 사랑으로 모든 이에게 존경과 감사를 전하는 자녀들로 자라게 하시어, 저희들의 가정이 배움과 사랑을 실천하는 축복의 공동체가 되게 하옵소서.

하나님, 저희 자녀들이 모든 만남 속에서 진심 어린 존경과 감사를 표현하며, 선한 본을 통해 하나님의 사랑을 전하는 삶을 살아가도록 인도해 주시옵소서.

이 모든 기도를 살아계신 예수 그리스도의 이름으로 간절히 기도드립니다. 아멘.

친구들에게 선한 영향력을 주는 자녀

오늘도 저희 가정에 사랑과 평안을 주시고, 생명의 선물을 허락하심에 감사드립니다. 저희 자녀가 하나님의 인도하심을 따라 살아가며, 언제나 진리를 좇는 마음을 갖도록 도와주옵소서. 어려운 상황 속에서도 하나님을 의지하며, 사랑과 용서를 실천할 수 있는 넓은 마음을 허락하여 주옵소서. 부모로서 저희들도 하나님의 은혜를 기억하며, 자녀를 사랑과 인내로 양육할 수 있도록 힘을 주시고, 저희 가정이 하나님의 빛 가운데 거하게 하소서. 저희 자녀가 친구들에게 선한 영향력을 끼치며, 사랑과 배려로 하나님의 빛을 비추는 삶을 살아가도록 인도하여 주옵소서.

하나님, 저희 자녀가 친구들과 함께할 때 사랑과 친절을 베풀고, 예수님의 마음을 닮아가도록 도와주옵소서. 말과 행동을 통해 선한 영향력을 미치며, 친구들을 격려하고 위로하는 자녀가 되게 하옵소서.

하나님, 저희 자녀가 친구들에게 정직하고 성실한 모습을 보이며, 믿음 안에서 좋은 친구가 되게 하시고, 친구들의 고민을 함께 나누며 기도하는 따뜻한 마음을 가지게 하옵소서. 어려운 순간에도 유혹에 휩쓸리지 않고, 올바른 길을 선택할 수 있는 지혜와 용기를 허락하여 주옵소서.

하나님, 친구들과의 관계 속에서 이해와 용서를 배우게 하시고, 서로를 존중하며 사랑할 줄 아는 자녀가 되게 하옵소서. 하나님께서 허락하신 친구들과 함께 신앙을 나누고, 세상 속에서 하나님의 사랑을 전하는 삶을 살아가게 하옵소서.

하나님, 부모된 저희가 가정에서 하나님의 진리를 실천하며 살아갈 때, 자녀들이 친구들에게 선한 영향력을 발휘하여 서로에게 희망과 용기를 전하는 본이 되게 하옵소서. 하나님의 사랑이 그들의 말과 행동 속에 흘러나가게 하시어, 저희들의 가정이 세상 속에서 하나님의 빛을 전하는 축복의 공동체가 되게 하옵소서.

더 나아가, 자녀들이 매 만남마다 하나님의 사랑을 실천하며, 그 영향력이 친구들과 이웃에게 희망과 격려로 전파되도록 인도해 주시옵소서.

이 모든 기도를 살아계신 예수 그리스도의 이름으로 간절히 기도드립니다. 아멘.

학교에서 부끄럽지 않은 신앙을 지키는 자녀

사랑과 자비의 하나님,

오늘도 저희 가정을 하나님의 따뜻한 손길로 감싸 주심에 감사드립니다. 자녀가 하나님의 뜻을 따라 살아가며, 선하고 올바른 길을 걸어갈 수 있도록 인도하여 주옵소서. 하나님께서 주신 사랑을 배우고, 그 사랑을 주변에 나누는 따뜻한 사람이 되게 하소서. 부모 된 저희에게도 하나님의 인내와 지혜를 부어 주시어, 자녀가 올바른 신앙과 성품을 갖출 수 있도록 돕는 조력자가 되게 하소서. 언제나 하나님의 축복이 저희 가정에 넘치기를 간절히 기도합니다. 저희 자녀가 학교에서 부끄럽지 않은 신앙을 지키며, 하나님의 뜻을 따르는 삶을 살아가도록 인도하여 주옵소서.

하나님, 저희 자녀가 세상의 가치관에 흔들리지 않고, 믿음 안에서 굳건히 서는 자녀가 되게 하옵소서. 친구들 앞에서도 하나님을 부끄러워하지 않고, 당당히 신앙을 지키며 살아가게 하옵소서. 유혹과 시험이 닥칠 때마다 하나님을 기억하고,

바른 선택을 할 수 있는 지혜와 용기를 허락하여 주옵소서.

하나님, 저희 자녀가 하나님의 말씀을 가까이하며, 학교에서의 삶 속에서도 신앙의 원칙을 지키게 하옵소서. 주어진 학업과 관계 속에서 정직하고 성실하게 살아가며, 말과 행동으로 하나님의 사랑을 드러내는 자녀가 되게 하옵소서. 어려운 상황 속에서도 타협하지 않고, 믿음을 끝까지 지키는 강한 심령을 허락하여 주옵소서. 또한, 자녀가 믿음을 공유할 수 있는 좋은 친구들을 만나고, 서로 격려하며 함께 신앙을 성장시켜 나갈 수 있도록 도와주옵소서. 하나님을 기쁘시게 하는 삶을 살아가며, 세상 속에서 빛과 소금의 역할을 감당하는 자녀로 성장하게 하옵소서.

하나님, 부모된 저희가 가정에서 믿음의 길을 꾸준히 걸으며 모범을 보일 때, 자녀들이 학교에서도 하나님의 말씀을 굳게 지키고 당당한 신앙인의 모습을 나타내게 하옵소서. 하나님의 진리로 세상의 유혹을 이기며 성장하는 자녀들로 자라게 하시어, 저희들의 가정이 빛과 소금의 역할을 다하는 축복의 터전이 되게 하옵소서. 자녀들이 매 순간 하나님의 말씀을 마음에 새기고 실천함으로써, 어려운 상황에서도 흔들림 없이 하나님의 길을 따르도록 인도해 주시옵소서.

이 모든 기도를 살아계신 예수 그리스도의 이름으로 간절히 기도드립니다. 아멘.

힘든 친구를 도울 수 있는 자녀

자녀들에게 늘 사랑을 주시는 하나님,
오늘도 저희 가정을 하나님의 무한한 사랑과 보호 속에 머물게 하시니 감사드립니다. 자녀가 하나님의 은혜를 기억하며 살아가게 하시고, 세상의 헛된 것에 흔들리지 않도록 굳건한 믿음을 허락하여 주옵소서. 작은 일에도 감사할 줄 알고, 겸손한 태도로 사람을 대하며, 하나님의 뜻을 이루는 삶을 살아가게 하소서. 부모인 저희들도 신앙의 본이 되어 자녀를 사랑과 인내로 양육할 수 있도록 도와주시고, 저희 가정을 하나님의 평안으로 채워 주옵소서. 저희 자녀가 어려움 속에 있는 친구들을 도울 수 있는 따뜻한 마음과 용기를 가진 자녀로 성장하도록 인도하여 주옵소서.

하나님, 저희 자녀가 주변을 둘러볼 줄 아는 넓은 마음을 가지게 하시고, 힘든 친구들의 아픔과 어려움을 외면하지 않도록 도와주옵소서. 도움이 필요한 친구들에게 다가가 위로의 말을 전하고, 기도로 그들을 응원할 줄 아는 자녀가 되게 하옵소서. 하나님께서 베푸신 사랑을 실천하며, 긍휼의 마음으로 친구들을 섬길 수 있도록 인도하여 주옵소서.

하나님, 저희 자녀가 어려움을 겪고 있는 친구들을 바라볼 때, 단순한 동정이 아니라 함께 아파하고 기도하며, 실제적인 도움을 줄 수 있는 지혜와 용기를 허락해 주옵소서. 작은 말 한마디, 작은 행동 하나가 친구들에게 큰 힘이 될 수 있음을 깨닫고, 항상 선한 영향력을 미치는 자녀가 되게 하옵소서. 하나님의 말씀을 가까이하며, 학교에서의 삶 속에서도 사랑과 친절을 실천하게 하시고, 자신의 유익만을 생각하지 않고 주변을 돌아볼 줄 아는 성숙한 믿음을 가지게 하옵소서. 친구들을 위로하고 돕는 것이 곧 하나님을 섬기는 것임을 깨닫게 하시고, 기쁨으로 선행을 실천하는 자녀가 되게 하옵소서.

하나님, 저희 자녀들이 어려움에 처한 친구들에게 먼저 다가가 위로와 도움의 손길을 내미는 사랑의 마음을 배우게 하옵소서. 하나님의 자비를 실천하는 자녀들로 자라게 하시어, 저희들의 가정이 서로에게 사랑과 희망을 전하는 축복의 공동체가 되게 하옵소서. 저희 자녀들이 주변의 어려운 이웃들에게 진심 어린 관심과 도움을 실천하여, 하나님의 사랑이 그들의 행동을 통해 흘러나가도록 인도해 주시옵소서. 이 모든 기도를 살아계신 예수 그리스도의 이름으로 간절히 기도드립니다. 아멘.

친구와의 갈등을 지혜롭게 해결하는 자녀

자비롭고 신실하신 하나님,

오늘도 저희에게 새로운 하루를 허락하시고, 하나님의 사랑 안에 거하게 하시니 감사드립니다. 자녀가 하나님을 더욱 깊이 알아가며, 하나님의 말씀을 마음에 새기는 사람이 되도록 인도하여 주옵소서. 세상의 거친 바람 속에서도 하나님의 빛을 바라보며 용기와 지혜를 얻을 수 있도록 도와주시옵소서. 부모 된 저희가 자녀의 걸음을 하나님께 맡기며, 올바른 길로 안내할 수 있도록 성령님의 도우심을 구합니다. 저희 자녀가 친구들과의 관계 속에서 지혜롭고 성숙하게 행동하며, 갈등을 평화롭게 해결할 수 있도록 인도하여 주옵소서.

하나님, 저희 자녀가 다툼과 오해 속에서도 감정을 조절하고, 화해하는 법을 배우게 하소서. 친구와 갈등이 있을 때 먼저 이해하려는 마음을 가지게 하시고, 경청하며 배려하는 태도를 가지게 하소서. 자신의 입장만 고집하지 않고, 상대방의 마음을 공감하며 사랑으로 대할 줄 아는 자녀가 되게 하소서.

하나님, 저희 자녀가 분노보다는 용서를 선택하게 하시고, 작은 다툼을 하나님의 사랑으로 해결하는 지혜를 가지게 하옵소서. 말과 행동을 신중히 하며, 친구를 상처 주지 않고 온유한 태도로 화해할 수 있도록 도와주옵소서. 겸손한 마음으로 먼저 손을 내밀 수 있는 용기를 허락하여 주옵소서.

하나님, 이 아이가 하나님의 말씀을 가까이하며, 예수님께서 보여주신 사랑과 용서의 본을 따르게 하옵소서. 학교와 친구들 사이에서 화평을 이루는 사람이 되며, 다툼이 아닌 화합을 만들어가는 자녀가 되게 하옵소서. 작은 오해가 쌓이지 않도록 대화하고, 진실된 마음으로 친구를 대할 수 있도록 지혜를 주옵소서.

하나님, 부모된 저희가 가정에서 열린 대화와 용서의 본을 보이며 살아갈 때, 자녀들이 친구와의 갈등 속에서도 하나님의 지혜와 인내로 평화를 이루며 서로를 이해하는 법을 배우게 하옵소서. 서로의 마음을 헤아리고 화해하는 자녀들로 자라게 하시어, 저희들의 가정이 평화와 화합의 기쁨을 누리는 축복의 공동체가 되게 하옵소서.

또한, 갈등 상황마다 하나님의 사랑과 지혜를 본받아, 자녀들이 서로에게 진심 어린 용서와 화해의 마음을 전하는 삶을 살아가도록 인도해 주시옵소서. 이 모든 기도를 살아계신 예수 그리스도의 이름으로 간절히 기도드립니다. 아멘.

왕따를 당하거나 주는 행동을 하지 않는 자녀

사랑의 하나님,

오늘도 저희 가정을 하나님의 평안으로 감싸 주시고, 생명의 귀함을 깨닫게 하심에 감사드립니다. 저희 자녀가 하나님의 뜻을 따르는 삶을 살아가게 하시고, 언제나 사랑과 정의를 실천하는 사람이 되게 하소서. 어려움 속에서도 인내하며, 희망을 품고 나아가는 용기를 허락하여 주옵소서. 부모로서 저희들도 신앙과 사랑의 본이 되어 자녀가 하나님을 온전히 신뢰하는 삶을 살아갈 수 있도록 인도해 주옵소서. 저희 자녀가 친구들에게 사랑과 배려를 베풀며, 왕따를 당하거나 주는 행동을 하지 않도록 인도하여 주옵소서.

하나님, 저희 자녀가 친구들을 따돌리거나 상처 주는 말을 하지 않도록 도와주시고, 약한 친구들을 배려하며 따뜻하게 감싸주는 마음을 가지게 하옵소서. 힘들어하는 친구들을 외면하지 않고, 용기 내어 손을 내밀 줄 아는 자녀가 되게 하옵소서. 또한, 자신이 어려운 상황에 처하더라도 하나님께 의지하며 믿음으로 이겨낼 수 있는 힘을 허락하여 주옵소서.

하나님, 저희 자녀가 친구들에게 선한 영향력을 미치며, 따뜻한 말과 행동으로 주변을 밝히는 자녀가 되게 하옵소서. 인기나 분위기에 휩쓸려 누군가를 따돌리는 행동에 가담하지 않도록 보호하시고, 오히려 화해와 사랑의 다리가 될 수 있도록 지혜를 주옵소서. 말과 행동 속에 사랑과 배려가 넘쳐나도록 도와주옵소서.

하나님, 이 아이가 하나님의 말씀을 가까이하며, 예수님께서 보여주신 사랑과 용서의 본을 따르게 하옵소서. 친구들과의 관계에서 공감과 이해를 배우며, 나눔과 포용의 정신을 실천하는 자녀가 되게 하옵소서. 하나님께서 기뻐하시는 아름다운 관계를 맺으며 성장하게 하옵소서.

하나님, 부모된 저희가 가정에서 모든 이에게 사랑과 존중을 베푸는 모습을 실천할 때, 자녀들이 친구들에게 상처를 주지 않고 서로를 따뜻하게 대하는 법을 배우게 하옵소서. 하나님의 자비로 서로를 감싸 안으며 살아가는 자녀들로 자라게 하시어, 저희들의 가정이 모두에게 친절과 자비를 전하는 축복의 공동체가 되게 하옵소서. 자녀들이 모든 인간관계 속에서 진심 어린 배려와 사랑을 실천하여, 왕따나 부정적인 행동 없이 하나님의 은혜를 전하는 본이 되게 인도해 주시옵소서. 예수 그리스도의 이름으로 간절히 기도드립니다. 아멘.

예수님의 사랑을 친구들에게 전하는 자녀

　참된 평화를 주시는 하나님,
　오늘도 저희 가정을 보호하시고 인도해 주시니 감사드립니다. 저희 자녀가 하나님의 사랑 안에서 기쁨을 누리고, 언제나 진리를 따르는 삶을 살아가게 하소서. 주변의 모든 사람들에게 따뜻한 마음을 나누며, 하나님의 사랑을 전하는 삶을 살게 하옵소서. 부모 된 저희가 자녀에게 믿음의 유산을 남길 수 있도록 도와주시고, 신앙의 길을 함께 걸어갈 수 있도록 늘 함께하여 주옵소서. 저희 자녀가 친구들에게 예수님의 사랑을 전하며, 하나님의 빛을 비추는 삶을 살아가도록 인도하여 주옵소서.
　하나님, 저희 자녀가 말과 행동을 통해 예수님의 사랑을 나타내며, 친구들에게 따뜻한 위로와 격려를 전하는 자녀가 되게 하옵소서. 사랑이 필요한 친구들에게 다가가 따뜻한 손을 내밀고, 기도와 친절로 하나님의 사랑을 실천하는 자녀가 되도록 도와주옵소서.

하나님, 저희 자녀가 친구들에게 선한 영향력을 미치며, 어려움 속에서도 믿음을 잃지 않고 예수님의 사랑을 당당히 전할 수 있도록 담대함을 허락하여 주옵소서. 친구들에게 좋은 본이 되며, 친절과 배려 속에서 자연스럽게 복음의 씨앗을 심을 수 있도록 도와주옵소서.

하나님, 저희 자녀가 하나님의 말씀을 가까이하며, 예수님께서 보여주신 사랑과 섬김의 본을 따르게 하옵소서. 친구들과의 관계 속에서 공감과 이해를 배우며, 나눔과 포용의 정신을 실천하는 자녀가 되게 하옵소서. 하나님께서 기뻐하시는 아름다운 관계를 맺으며 성장하게 하옵소서.

하나님, 부모된 저희가 가정에서 예수님의 사랑과 섬김을 몸소 실천할 때, 자녀들이 그 사랑을 친구와 이웃에게 아낌없이 전하며 하나님의 복음을 나누는 삶을 살게 하옵소서. 하나님의 은혜를 전하는 자녀들로 자라게 하시어, 저희들의 가정이 예수님의 사랑을 실천하는 빛의 공동체가 되게 하옵소서.

또한, 자녀들이 예수님의 사랑을 말과 행동으로 드러내어, 만나는 모든 이들에게 하나님의 복음과 은혜를 전파하는 귀한 도구가 되도록 인도해 주시옵소서.

이 모든 기도를 살아계신 예수 그리스도의 이름으로 간절히 기도드립니다. 아멘.

선생님과 좋은 관계를 유지하는 자녀

신실하시고 좋으신 하나님,

오늘도 저희 가정을 하나님의 자비로 감싸 주시니 감사드립니다. 자녀가 하나님 안에서 참된 자유를 누리며, 어떤 상황에서도 하나님을 신뢰할 수 있는 믿음을 허락하여 주시니 감사드립니다. 항상 세상의 기준이 아닌, 하나님의 기준에 따라 옳고 바른 선택을 할 수 있도록 지혜를 주시옵소서. 부모로서 저희들도 자녀를 인내와 사랑으로 양육하며, 하나님을 본받아 살아가는 가정이 되도록 축복하여 주옵소서. 저희 자녀가 선생님과 좋은 관계를 유지하며, 존경과 감사의 태도로 배우는 삶을 살아가도록 인도하여 주옵소서.

하나님, 저희 자녀가 선생님을 존경하는 마음을 품고, 겸손한 태도로 배우는 기쁨을 누리게 하옵소서. 선생님의 가르침을 귀하게 여기며, 감사하는 마음으로 학업에 최선을 다하는 자녀가 되게 하옵소서.

하나님, 저희 자녀가 학교에서 선생님과 원활한 관계를 유지하며, 존중과 배려를 실천하는 태도를 가지게 하옵소서. 선생님의 말씀을 경청하고, 바른 태도로 배우며, 언제나 성실하고 정직한 모습을 보일 수 있도록 도와주옵소서.

하나님, 이 아이가 어려운 순간에는 선생님께 조언을 구하고, 도움을 받을 수 있는 겸손한 마음을 가지게 하시며, 배움을 통해 성장하는 기쁨을 느낄 수 있도록 인도하여 주옵소서. 또한, 선생님을 향한 감사와 사랑을 표현할 줄 아는 자녀가 되게 하옵소서.

하나님, 부모된 저희가 가정에서 올바른 관계 형성과 존중의 가치를 실천할 때, 자녀들이 학교에서 선생님과 서로 신뢰하며 따뜻한 관계를 쌓는 법을 배우게 하옵소서. 하나님의 사랑으로 배움의 기쁨을 나누는 자녀들로 자라게 하시어, 저희들의 가정이 믿음과 사랑의 가치를 실천하는 축복의 공동체가 되게 하옵소서.

하나님, 저희 자녀들이 선생님과의 관계 속에서 진실된 존경과 감사를 배우며, 모든 만남이 하나님의 축복 속에서 이루어지도록 인도해 주시옵소서.

이 모든 기도를 살아계신 예수 그리스도의 이름으로 간절히 기도드립니다. 아멘.

학업 스트레스가 쌓이지 않도록

온유하시고 자비로우신 하나님,

오늘도 저희 가정을 지켜 주시고, 자녀에게 귀한 생명을 허락하심에 감사드립니다. 자녀가 하나님의 인도하심을 따라 살아가며, 언제나 선하고 올바른 길을 걸을 수 있도록 도와주옵소서. 작은 일에도 감사하는 마음을 품고, 타인을 배려하는 사랑을 실천하는 사람이 되게 하소서. 부모로서 저희들도 자녀에게 하나님의 사랑을 가르치고, 신앙의 본이 되는 삶을 살아가도록 도와주시옵소서. 저희 자녀가 학업으로 인해 스트레스를 받지 않고, 하나님의 평안을 누리며 건강한 마음으로 공부할 수 있도록 인도하여 주옵소서.

하나님, 저희 자녀가 공부하는 과정에서 부담이나 두려움을 느끼지 않고, 오히려 배우는 기쁨을 깨닫게 하옵소서. 성적이나 결과에 얽매이기보다 노력하는 과정 속에서 성장하는 의미를 찾으며, 하나님 안에서 쉼을 얻는 자녀가 되게 하옵소서.

하나님, 저희 자녀가 시험과 과제에 대한 부담을 홀로 짊어지지 않도록 하시고, 필요할 때에는 부모님과 선생님께 도움을 구하며 건강하게 해결할 수 있도록 지혜를 허락하여 주옵소서. 스트레스가 쌓일 때 기도로 하나님께 나아가 마음의 평안을 얻고, 믿음 안에서 쉼을 누리는 자녀가 되게 하옵소서.

하나님, 저희 자녀가 자신의 한계를 인정하고 무리하지 않으며, 몸과 마음을 잘 돌보며 균형 잡힌 생활을 할 수 있도록 인도하여 주옵소서. 학업뿐만 아니라 휴식과 기도의 시간을 통해 하나님과의 친밀함을 유지하며, 건강한 마음을 지키는 자녀가 되게 하옵소서.

하나님, 부모된 저희가 가정에서 자녀들에게 올바른 가치관과 안정된 마음을 심어줄 때, 자녀들이 학업의 무게와 스트레스 속에서도 하나님의 평안을 누리며 건강한 정신으로 성장할 수 있도록 인도하옵소서. 어려움 속에서도 웃음과 희망을 잃지 않는 자녀들로 자라게 하시어, 저희들의 가정이 마음의 안식을 누리는 축복의 터전이 되게 하옵소서.

또한, 자녀들이 학업의 부담 속에서도 하나님의 인도하심과 위로를 경험하며, 스트레스를 슬기롭게 관리하고 평온을 유지하도록 도와 주시옵소서.

이 모든 기도를 살아계신 예수 그리스도의 이름으로 간절히 기도드립니다. 아멘.

시험을 두려워하지 않는 자녀

  사랑과 은혜가 충만하신 하나님,
  오늘도 저희 가정을 하나님의 따뜻한 품에 품어 주시니 감사드립니다. 저희 자녀가 하나님의 사랑을 깊이 깨닫고, 겸손하고 온유한 마음으로 살아가게 하소서. 작은 일에도 감사하는 마음을 가지게 하시고, 매일 하나님과 동행하는 기쁨을 알게 하옵소서. 부모 된 저희에게도 자녀를 사랑과 인내로 양육할 수 있는 지혜를 주옵소서. 하나님의 뜻을 따라 사는 신실한 부모가 되게 하소서. 저희 자녀가 시험을 두려워하지 않게 하옵소서. 하나님의 평안을 누리며 자신감을 가지고 최선을 다할 수 있도록 인도하여 주옵소서.
  하나님, 저희 자녀가 시험을 앞두고 불안과 걱정에 휩싸이지 않도록 하시고, 모든 순간 하나님께 맡기며 평온한 마음으로 준비할 수 있도록 도와주옵소서. 시험 결과가 아닌 배움의 과정 자체에 의미를 두고, 하나님께서 허락하신 지혜를 신뢰하며 나아가는 자녀가 되게 하옵소서.

하나님, 저희 자녀가 시험이 주는 부담감에 짓눌리지 않게 하옵소서. 최선을 다한 후에는 결과를 기쁨으로 받아들이는 넉넉한 마음을 가지게 하옵소서. 스스로에게 실망하거나 비교 속에서 낙심하지 않고, 오로지 하나님께서 허락하신 능력을 믿고 힘을 얻게 하옵소서.

하나님, 시험 중에도 하나님의 평안을 경험하며 집중할 수 있도록 인도하옵소서. 배운 것들을 기억하고 활용할 수 있는 지혜를 허락하여 주옵소서. 어려운 문제 앞에서도 두려워하지 않고, 차분한 마음으로 끝까지 포기하지 않는 자녀가 되게 하옵소서.

하나님, 부모된 저희가 가정에서 새로운 도전 앞에서도 하나님의 신실하심을 믿고 담대하게 살아가는 모습을 보일 때, 자녀들이 시험과 어려움 앞에서 두려움 없이 하나님의 도우심을 신뢰하며 용기를 내게 하옵소서. 시련의 순간마다 하나님의 힘을 체험하는 자녀들로 자라게 하시어, 저희들의 가정이 믿음의 용기와 결단으로 빛나는 축복의 터전이 되게 하옵소서.

자녀들이 시험의 도전 속에서도 하나님의 인도하심을 붙잡게 하옵소서. 실패를 두려워하지 않고 담대하게 앞으로 나아가며 성장하도록 인도해 주시옵소서. 이 모든 기도를 살아계신 예수 그리스도의 이름으로 간절히 기도드립니다. 아멘.

올바른 친구를 분별하는 지혜를 갖는 자녀

거룩하신 하나님,

오늘도 저희 가정을 하나님의 사랑으로 보호하시고 인도해주심에 감사드립니다. 자녀가 세상의 소리에 흔들리지 않고, 하나님의 진리 위에 굳게 서서 살아가게 하소서. 하나님의 말씀을 늘 가까이하며, 믿음 안에서 성장하는 삶을 살도록 도와주시옵소서. 저희 자녀가 올바른 친구를 분별하는 지혜를 갖고, 신앙과 삶에 선한 영향을 주고받을 수 있도록 인도하여 주옵소서.

하나님, 저희 자녀가 친구를 사귈 때 외적인 조건이 아닌 마음의 중심을 볼 줄 아는 분별력을 가지게 하옵소서. 선한 친구를 가까이하고, 서로를 존중하며 격려하는 관계를 맺을 수 있도록 도와주옵소서. 또한, 나쁜 영향을 미치는 관계에서는 지혜롭게 벗어나 하나님께서 기뻐하시는 우정을 맺을 수 있도록 이끌어 주옵소서.

하나님, 저희 자녀가 친구들 사이에서 정직하고 바른 태도를 지키며, 사랑과 배려를 실천하는 친구가 되게 하옵소서. 다른 사람을 험담하거나 배척하는 무리에 휩쓸리지 않도록 보호하여 주시고, 화평을 이루는 사람이 되도록 지혜와 용기를 허락하여 주옵소서.

하나님, 아이가 친구들과의 관계 속에서도 하나님을 더욱 가까이하는 법을 배우게 하시고, 함께 신앙을 나누고 믿음 안에서 성장하는 친구들을 만나도록 인도하여 주옵소서. 친구들과 있을 때에도 하나님 앞에서 정직하고 선한 선택을 하며, 다른 이들에게 선한 영향을 미치는 삶을 살아가게 하옵소서.

하나님, 부모된 저희가 가정에서 사람을 대하는 바른 기준과 지혜를 몸소 실천할 때, 자녀들이 친구 관계에서 하나님의 진리와 사랑을 분별하며 건강한 인간관계를 맺도록 도와주옵소서. 서로를 배려하는 마음으로 올바른 선택을 하는 자녀들로 자라게 하시어, 저희들의 가정이 지혜로운 선택으로 하나님의 빛을 전하는 축복의 공동체가 되게 하옵소서.

또한, 자녀들이 진실한 우정을 쌓으며 하나님의 말씀에 따라 올바른 친구를 만나고, 그 관계가 그들의 삶에 긍정적 영향을 미치도록 인도해 주시옵소서.

이 모든 기도를 살아계신 예수 그리스도의 이름으로 간절히 기도드립니다. 아멘.

모든 교과목을 성실히 배우는 자녀

자비로우신 하나님,

오늘도 저희 가정을 하나님의 평안으로 채워 주심에 감사드립니다. 저희 자녀가 세상의 가치가 아닌 하나님의 가치를 따라 살아가도록 인도하여 주옵소서. 기쁠 때나 어려울 때나 하나님을 의지하는 믿음을 가지게 하시고, 어떤 환경 속에서도 하나님께 감사하는 마음을 잃지 않게 하소서. 부모로서 저희들도 늘 신앙의 중심을 잃지 않고, 자녀와 함께 믿음의 길을 걸어갈 수 있도록 도와주옵소서. 저희 자녀가 모든 교과목을 성실히 배우며, 하나님께서 주신 지혜를 활용하여 바르게 성장하도록 인도하여 주옵소서.

하나님, 저희 자녀가 학업을 소중히 여기고, 배움의 기회를 감사하게 받아들이는 마음을 가지게 하옵소서. 모든 과목을 균형 있게 배우며, 쉽게 흥미를 잃거나 포기하지 않고 끝까지 최선을 다하는 자녀가 되게 하옵소서.

하나님, 어려운 과목이 있을 때에도 낙심하지 않고 인내하면서 도전하는 용기를 주시고, 즐겁게 배우는 태도를 가지게 하옵소서. 성적과 비교하기 보다는 성장과 노력의 가치를 깨닫게 하시고, 배운 지식을 통해 하나님의 뜻을 이루는 삶을 살아가게 하옵소서.

하나님, 저희 자녀가 학업 속에서도 하나님을 더욱 의지하게 하시고, 모든 배움이 하나님의 지혜로 이루어진 것임을 기억하게 하옵소서. 선생님과 친구들에게 배려와 존중을 보이며, 배움을 통해 이웃과 사회를 섬기는 자녀가 되도록 인도하여 주옵소서.

하나님, 부모된 저희가 가정에서 배움에 대한 열정과 꾸준함을 실천할 때, 자녀들이 모든 교과목을 성실히 배우며 하나님께서 주신 재능을 온전히 발휘할 수 있도록 도와주옵소서. 학문을 통한 깨달음과 꿈을 향해 나아가는 자녀들로 자라게 하시어, 저희들의 가정이 학문과 신앙의 결실을 함께 맺는 축복의 터전이 되게 하옵소서.

또한, 자녀들이 배움의 과정 속에서 하나님의 지혜를 체험하며, 모든 도전 속에서 꾸준히 성장하는 모습을 통해 미래의 비전을 확고히 하도록 인도해 주시옵소서.

이 모든 기도를 살아계신 예수 그리스도의 이름으로 간절히 기도드립니다. 아멘.

학교생활에 기쁨을 느끼는 자녀

사랑과 인내의 하나님,
오늘도 저희 가정을 하나님의 자비로 감싸 주시니 감사드립니다. 자녀가 하나님의 사랑을 배우고, 그 사랑을 세상에 전하는 축복의 통로가 되게 하소서. 겸손한 마음을 가지고 사람들을 섬길 줄 아는 자녀가 되도록 인도하여 주옵소서. 부모 된 저희들도 하나님의 성품을 닮아 자녀를 온전히 사랑하고 인내하며 양육할 수 있도록 도와주시옵소서. 저희 자녀가 학교생활 속에서 기쁨을 느끼며, 배움과 관계 속에서 하나님의 은혜를 경험하도록 인도하여 주옵소서.
하나님, 저희 자녀가 학교에서 배움을 즐거워하며, 새로운 지식을 얻는 기쁨을 누리게 하옵소서. 학업이 단순한 의무가 아니라 하나님께서 허락하신 성장의 과정임을 깨닫고, 감사한 마음으로 배우는 자녀가 되게 하옵소서.
하나님, 학교에서 친구들과 좋은 관계를 맺으며, 사랑과 배려 속에서 따뜻한 우정을 나누게 하옵소서. 친구들과의 교제를 통해 배려와 나눔을 배우고, 서로를 격려하며 함께 성장하는 자녀가 되게 하옵소서. 다툼이나 오해가 생길 때에도 하나님의 지혜로 잘 해결하고, 화해하며 사랑을 실천할 수 있도록 도와주옵소서.

하나님, 저희 자녀가 선생님을 존경하며 배우는 태도를 기쁨으로 여기게 하시고, 학급과 학교 생활 속에서 성실하게 임하며 책임감 있는 모습을 가지게 하옵소서. 작은 일에도 최선을 다하는 성실한 태도를 배우고, 주어진 역할 속에서 즐거움을 느낄 수 있도록 도와주옵소서.

하나님, 부모된 저희가 가정에서 하나님의 사랑과 기쁨을 매일 나누며 살아갈 때, 자녀들이 학교 생활 속에서도 하나님의 은혜를 체험하고 밝은 웃음과 기쁨으로 하루하루를 살아가게 하옵소서. 배움과 우정 속에서 하나님의 사랑을 느끼며 성장하는 자녀들로 자라게 하시어, 저희들의 가정이 기쁨과 희망이 넘치는 축복의 공동체가 되게 하옵소서.

더불어, 자녀들이 학교에서 만나는 모든 순간이 하나님의 은혜로 채워져, 언제나 감사와 기쁨으로 가득 찬 하루를 보내게 하시옵소서.

이 모든 기도를 살아계신 예수 그리스도의 이름으로 간절히 기도드립니다. 아멘.

경쟁보다는 배려하는 마음을 갖는 자녀

은혜와 진리의 하나님,

오늘도 저희에게 새로운 하루를 허락하시고, 하나님의 사랑 안에 거하게 하시니 감사드립니다. 자녀가 하나님의 말씀을 깊이 새기며, 삶의 모든 순간에서 하나님의 뜻을 따르는 사람이 되게 하소서. 세상의 유혹에 흔들리지 않고, 오직 진리를 선택하며 살아가도록 도와주시옵소서. 부모 된 저희들도 신앙의 본이 되며, 자녀를 사랑과 믿음으로 이끌 수 있도록 은혜를 더하여 주옵소서. 저희 자녀가 경쟁보다는 배려하는 마음을 가지고, 하나님의 사랑을 실천하며 살아가도록 인도하여 주옵소서.

하나님, 저희 자녀가 학업과 친구 관계 속에서 경쟁을 이기려는 마음보다, 서로 돕고 격려하는 따뜻한 마음을 가지게 하옵소서. 다른 사람과 비교하며 우월감을 가지거나 낙심하지 않도록 지켜주시고, 함께 성장하는 기쁨을 알게 하옵소서.

하나님, 저희 자녀가 학교에서 친구들을 배려하는 태도를 배우고, 사랑과 친절로 관계를 맺으며, 경쟁보다 협력을 중요하게 여기는 자녀가 되게 하옵소서. 친구의 기쁨을 함께 기뻐하고, 어려운 순간에는 위로하며 돕는 따뜻한 마음을 가지게 하옵소서. 이기려는 마음보다 함께 나누는 기쁨을 먼저 경험하도록 도와주옵소서.

하나님, 이 아이가 선생님과 부모님의 가르침을 통해 남을 배려하는 것이 얼마나 귀한 것인지 깨닫게 하시고, 말과 행동 속에서 예수님의 사랑을 실천하게 하옵소서. 강한 자가 약한 자를 돕고, 자신의 이익보다 타인의 유익을 먼저 생각하는 넉넉한 마음을 가지도록 인도하여 주옵소서.

하나님, 부모된 저희가 가정에서 서로를 아끼고 배려하는 모습을 실천할 때, 자녀들이 경쟁보다 서로를 이해하고 도우며 따뜻한 마음을 나누는 법을 배우게 하옵소서. 하나님의 사랑과 겸손으로 서로를 감싸 안는 자녀들로 자라게 하시어, 저희들의 가정이 사랑과 온유함으로 하나 되는 축복의 공동체가 되게 하옵소서.

또한, 자녀들이 모든 관계 속에서 서로를 존중하며 협력하는 마음을 기르고, 경쟁보다 배려와 사랑이 우선되는 삶을 살아가도록 인도해 주시옵소서.

이 모든 기도를 살아계신 예수 그리스도의 이름으로 간절히 기도드립니다. 아멘.

공부가 하나님께 영광이 되도록 하는 자녀

신실하신 하나님,

오늘도 저희 가정을 하나님의 사랑으로 지켜 주시니 감사드립니다. 자녀가 하나님의 크신 은혜를 깨닫고, 날마다 하나님을 의지하며 살아가게 하소서. 세상의 가치가 아닌 하나님의 말씀을 삶의 기준으로 삼고, 항상 선한 길을 선택할 수 있도록 지혜를 주옵소서. 부모 된 저희들도 자녀를 사랑으로 양육하며, 하나님의 말씀을 따라 살아갈 수 있도록 도와주시옵소서. 저희 자녀가 공부하는 목적을 단순한 성취나 경쟁이 아니라, 하나님께 영광을 돌리는 삶으로 우선 삼을 수 있도록 인도하여 주옵소서.

하나님, 저희 자녀가 학업을 통해 자신의 능력을 뽐내기보다, 하나님께서 주신 재능과 기회를 감사히 여기며 최선을 다하는 태도를 가지게 하옵소서. 모든 배움이 하나님께서 주신 지혜이며, 그 지혜를 통해 세상을 섬기고 하나님의 뜻을 이루어 가는 것이 진정한 목표임을 깨닫게 하옵소서.

하나님, 저희 자녀가 공부할 때에도 하나님의 도움을 구하고, 지혜를 간구하며 겸손한 마음으로 임하도록 도와주옵소서. 시험과 성적에 연연하기보다, 배움의 과정에서 하나님을 더욱 신뢰하고, 공부하는 시간이 하나님과 동행하는 시간이 되게 하옵소서.

하나님, 저희 자녀가 학업 속에서 경쟁보다는 협력과 배려의 가치를 배우게 하소서. 지식을 쌓는 목적이 자신의 유익이 아니라, 하나님께서 맡기신 사명을 이루는 데 있음을 깨닫게 하옵소서. 학문을 통해 하나님 나라를 확장하고, 이웃을 섬기며, 정직하고 성실한 삶을 살아가도록 인도하여 주옵소서.

하나님, 부모된 저희가 가정에서 하나님의 영광을 위해 성실히 살아가는 모습을 보일 때, 자녀들이 공부를 통해 하나님의 창조와 지혜를 깨닫고 그 모든 열매가 하나님의 영광을 드러내게 하옵소서. 지식과 믿음이 하나 되어 성장하는 자녀들로 자라게 하시어, 저희들의 가정이 하나님의 명예를 높이는 축복의 터전이 되게 하옵소서.

또한, 자녀들이 학문의 길에서 하나님의 인도하심을 체험하며, 모든 배움의 열매가 그들의 삶에 풍성한 은혜로 돌아오도록 도와 주시옵소서. 이 모든 기도를 살아계신 예수 그리스도의 이름으로 간절히 기도드립니다. 아멘.

급우들에게 좋은 말을 하는 자녀

거룩하신 하나님,

오늘도 저희 가정을 하나님의 은혜 가운데 머물게 하시니 감사드립니다. 자녀가 하나님께서 허락하신 하루를 감사하며 살아가게 하시고, 모든 순간 속에서 하나님의 인도하심을 경험하게 하소서. 기쁨과 슬픔, 성공과 실패 속에서도 하나님을 붙들며 흔들리지 않는 믿음을 가지게 하소서. 부모 된 저희들도 자녀의 곁에서 믿음의 조력자로 서게 하시고, 하나님을 의지하며 살아갈 수 있도록 이끌어 주옵소서. 저희 자녀가 급우들에게 좋은 말을 하며, 하나님의 사랑을 전하는 따뜻한 마음을 가진 자녀로 성장하도록 인도하여 주옵소서.

하나님, 저희 자녀가 말의 중요성을 깨닫고, 입술에서 나오는 말이 다른 사람에게 힘이 되고 격려가 될 수 있도록 도와주옵소서. 부정적인 말이나 남을 상처 주는 말이 아니라, 친구들에게 위로와 희망을 주는 따뜻한 말을 하게 하옵소서. 말 한마디로 친구를 세우는 자녀가 되게 하시고, 항상 선한 영향력을 끼치는 자녀로 성장하게 하옵소서.

하나님, 저희 자녀가 급우들과의 대화 속에서 사랑과 배려를 실천하며, 존중과 겸손이 담긴 말을 하도록 도와주옵소서. 친구들이 힘들어할 때 위로하고, 기쁠 때 함께 기뻐하며, 진심 어린 말로 서로를 격려하는 자녀가 되게 하옵소서. 다른 사람을 깎아내리는 말이 아니라, 칭찬과 감사가 담긴 말로 하나님의 사랑을 전하게 하옵소서. 자녀가 말과 행동이 일치하는 성실한 삶을 살게 하시고, 급우들에게 좋은 본이 되며, 학교에서 평화를 이루는 사람이 되도록 인도하여 주옵소서. 말로 인해 갈등이 생기지 않도록 지혜를 주시고, 언제나 신중하고 따뜻한 언어를 사용할 수 있도록 도와주옵소서.

하나님, 부모된 저희가 가정에서 따뜻한 말과 격려로 서로를 북돋우는 모습을 실천할 때, 자녀들이 급우들에게 선한 말과 친절한 태도로 하나님의 자비를 전하는 본이 되게 하옵소서. 하나님의 사랑의 말씀이 그들의 입을 통해 흘러나가 희망을 전하는 자녀들로 자라게 하시어, 저희들의 가정이 긍정의 에너지로 가득 찬 축복의 공동체가 되게 하옵소서. 더불어, 자녀들이 모든 대화 속에서 하나님의 사랑과 격려를 전하며, 긍정적인 언어로 주변에 희망과 위로를 전하는 귀한 도구가 되도록 인도해 주시옵소서.

예수 그리스도의 이름으로 간절히 기도드립니다. 아멘.

바른 가치관을 세우는 자녀

사랑과 평강의 하나님,

오늘도 저희 가정을 하나님의 크신 사랑으로 감싸 주시니 감사드립니다. 저희 자녀가 하나님의 은혜를 풍성히 경험하며, 날마다 기쁨과 감사로 살아가게 하소서. 세상의 어려움 속에서도 낙심하지 않고, 소망을 품고 하나님을 의지하는 믿음을 허락하여 주옵소서. 부모 된 저희들도 자녀에게 신앙과 사랑의 본이 되며, 하나님의 은혜를 따라 살아가는 삶을 살도록 도와주시옵소서. 저희 자녀가 세상의 유혹과 흐름에 흔들리지 않고, 하나님께서 기뻐하시는 바른 가치관을 세워 살아가도록 인도하여 주옵소서.

하나님, 저희 자녀가 진리와 거짓을 분별할 수 있는 지혜를 허락하시옵소서. 세상의 기준이 아닌 하나님의 말씀을 따라 바른 삶을 선택하는 자녀가 되게 하옵소서. 물질과 명예가 아닌 사랑과 섬김의 가치를 소중히 여기며, 자신의 유익이 아니라 하나님의 뜻을 우선하는 삶을 살게 하옵소서.

하나님, 저희 자녀가 또래의 영향을 받기보다 하나님의 말씀을 기준으로 삼고, 하나님의 뜻을 따르는 용기를 가지게 하옵소서. 세상이 주는 헛된 가치관에 휩쓸리지 않고, 정직과 공의, 사랑과 배려를 실천하며 하나님께 영광을 돌리는 삶을 살아가게 하옵소서.

하나님, 저희 아이가 진리를 왜곡하는 소리들에 흔들리지 않도록 굳건한 믿음을 허락하시고, 선한 영향력을 끼치는 삶을 살게 하옵소서. 자신의 선택이 하나님과 사람 앞에서 바른 길이 되도록 하나님께서 인도하여 주시고, 언제나 하나님을 신뢰하며 의지하는 자녀가 되게 하옵소서.

하나님, 부모된 저희가 가정에서 하나님의 말씀을 토대로 올바른 가치관과 도덕적 기준을 실천할 때, 자녀들이 진실과 선함의 가치를 깊이 깨닫고 그 기준에 따라 삶을 살아가도록 인도하옵소서. 하나님의 진리와 사랑을 닮은 자녀들로 자라게 하시고, 저희들의 가정이 바른 가치관 위에 굳건히 서는 축복의 공동체가 되게 하옵소서.

또한, 자녀들이 모든 선택의 순간마다 하나님의 말씀을 마음에 새기고, 그 기준에 따라 올바른 판단을 내리며 살아가도록 도와 주시옵소서.

이 모든 기도를 살아계신 예수 그리스도의 이름으로 간절히 기도드립니다. 아멘.

학교에서 작은 선행을 실천하는 자녀

자비로우신 하나님,

오늘도 저희 가정을 지켜 주시고, 하나님의 은혜로 채워 주심에 감사드립니다. 저희 자녀가 바른 성품과 지혜를 갖추어, 하나님의 뜻에 순종하는 사람이 되게 하소서. 사람들을 사랑하며, 겸손한 마음으로 섬길 줄 아는 자녀로 자라게 하소서. 부모 된 저희들도 하나님의 사랑을 본받아, 자녀를 올바르게 양육하고 인도할 수 있도록 도와주시옵소서. 저희 자녀가 학교에서 작은 선행을 실천하며, 하나님의 사랑을 행동으로 나타내는 삶을 살아가도록 인도하여 주옵소서.

하나님, 저희 자녀가 다른 사람을 돕는 기쁨을 알게 하시고, 작지만 따뜻한 배려를 실천하는 자녀가 되게 하옵소서. 친구들에게 친절한 말을 건네고, 도움이 필요한 친구를 도울 줄 알며, 선생님과 친구들에게 예의를 갖추는 자녀로 자라게 하옵소서.

하나님, 저희 자녀가 경쟁보다 나눔을 중요하게 여기며, 남을 배려하고 존중하는 마음을 품게 하옵소서. 겸손한 마음으로 작은 일도 기쁘게 감당하고, 자신보다 다른 사람을 먼저 생각하는 따뜻한 심성을 가지게 하옵소서.

하나님, 학교에서 떨어진 쓰레기를 줍거나, 힘들어하는 친구를 위로하고, 아픈 친구를 챙기는 작은 행동 하나하나가 하나님께서 기뻐하시는 선한 일임을 깨닫게 하옵소서. 자녀의 작은 선행이 주변을 밝히고, 친구들에게 선한 영향력을 끼치는 귀한 도구가 되게 하옵소서.

하나님, 부모된 저희가 가정에서 작은 선행의 기쁨과 가치를 몸소 실천할 때, 자녀들이 학교와 사회 속에서 자그마한 친절과 사랑의 실천을 통해 하나님의 은혜를 나누는 법을 배우게 하옵소서. 일상의 작은 실천 속에서 큰 사랑을 경험하며 성장하는 자녀들로 자라게 하시어, 저희들의 가정이 선행과 봉사의 기쁨을 전하는 축복의 공동체가 되게 하옵소서.

또한, 자녀들이 모든 만남 속에서 하나님의 사랑을 행동으로 나타내어, 작은 선행이 큰 변화를 불러오는 축복의 씨앗이 되도록 인도해 주시옵소서.

이 모든 기도를 살아계신 예수 그리스도의 이름으로 간절히 기도드립니다. 아멘.

Part 4
성품과 미래를 위한 기도문

하나님이 기뻐하시는 성품으로 크는 자녀

　영원한 소망이 되시는 하나님,
　오늘도 저희 가정을 하나님의 평안으로 감싸 주시고, 새로운 하루를 허락하심에 감사드립니다. 자녀가 어떤 환경 속에서도 하나님의 선하심을 신뢰하며, 하나님의 뜻을 따르는 용기 있는 사람이 되게 하소서. 세상의 가치보다 하나님의 말씀을 더 소중히 여기며 살아가도록 도와주시옵소서. 부모 된 저희들도 신앙을 지키며, 자녀와 함께 하나님의 뜻을 따라 사는 가정이 되도록 인도하여 주옵소서. 저희 자녀가 하나님이 기뻐하시는 성품을 가지고, 하나님의 뜻을 따라 살아가도록 인도하여 주옵소서.
　하나님, 저희 자녀가 겸손한 마음을 가지고, 교만하지 않으며, 항상 온유하고 사랑을 실천하는 자녀가 되게 하옵소서. 성급한 마음보다 인내하는 법을 배우고, 다른 사람을 존중하며, 이해하고 배려하는 넓은 마음을 품게 하옵소서.
　하나님, 저희 자녀가 정직과 순결을 귀하게 여기며, 어떤 상황에서도 거짓을 멀리하고, 바르고 진실된 길을 선택하는 자녀가 되게 하옵소서. 작은 일에도 성실하고 책임감 있게 행동하며, 하나님 앞에서 떳떳한 삶을 살아가게 하옵소서.

하나님, 이 아이가 세상 속에서 하나님의 자녀로서 바른 성품을 드러내게 하시고, 사랑과 친절로 주변을 밝히며, 선한 영향력을 끼치는 삶을 살아가게 하옵소서. 분노보다 용서를 선택하고, 다툼보다 화평을 이루며, 모든 말과 행동이 하나님을 영화롭게 하는 자녀가 되게 하옵소서.

하나님, 부모된 저희가 가정에서 매 순간 하나님의 성품과 자비를 본받아 살아갈 때, 자녀들이 온유와 겸손, 정직의 미덕을 몸소 실천하며 하나님이 기뻐하시는 성품으로 자라게 하옵소서. 하나님의 은혜와 인도하심을 깊이 체험하며 사랑과 진실함으로 세상을 밝히는 자녀들로 자라게 하시어, 저희들의 가정이 하나님의 기쁨과 사랑을 온전히 전하는 축복의 공동체가 되게 하옵소서.

더불어, 자녀들이 모든 상황 속에서 하나님의 모범을 따라 겸손과 정직을 실천하며, 그들의 삶이 하나님의 영광을 드러내는 증거가 되도록 인도해 주시옵소서.

이 모든 기도를 살아계신 예수 그리스도의 이름으로 간절히 기도드립니다. 아멘.

정직하고 바른 자녀가 되도록 하는 기도

사랑과 자비가 충만하신 하나님,

오늘도 저희 가정을 하나님의 따스한 손길로 보호해 주시니 감사드립니다. 저희 자녀가 세상의 빛과 소금이 되어 진리를 따르는 삶을 살아가도록 도와주옵소서. 말과 행동이 일치하는 정직한 마음을 가지게 하시고, 언제나 공의와 사랑을 실천하는 사람이 되게 하소서. 저희들도 자녀에게 신앙과 인격의 본이 되며, 하나님의 말씀을 삶으로 증거할 수 있도록 인도하여 주옵소서. 저희 자녀가 정직하고 바른 삶을 살아가며, 하나님 앞에서 떳떳한 사람이 되도록 인도하여 주옵소서.

하나님, 저희 자녀가 작은 일에도 정직하게 행동하며, 진실한 마음을 지키는 자녀가 되게 하옵소서. 유혹과 거짓을 멀리하고, 어떠한 상황에서도 바른 길을 선택할 수 있는 용기와 지혜를 허락하여 주옵소서. 정직함이 자녀의 삶의 기초가 되어, 신뢰받는 사람으로 성장하게 하옵소서.

하나님, 저희 자녀가 바른 양심을 가지고 옳고 그름을 분별할 줄 아는 마음을 가지게 하시고, 눈앞의 이익보다 하나님께서 기뻐하시는 선택을 할 수 있도록 도와주옵소서. 타인의 기대나 세상의 기준이 아니라, 하나님의 진리 위에서 굳건하게 서는 자녀가 되게 하옵소서.

하나님, 아이가 말과 행동이 일치하는 성실한 삶을 살며, 작은 것에도 책임을 다하는 자녀가 되도록 이끌어 주옵소서. 학교와 가정에서 믿음직한 사람으로 인정받으며, 주변에 선한 영향력을 끼치는 자녀로 자라게 하옵소서. 바른 말과 정직한 행동을 통해 하나님의 영광을 나타내는 자녀가 되도록 축복하여 주옵소서.

하나님, 부모된 저희가 가정에서 늘 진실과 정직의 길을 선택하며 살아갈 때, 자녀들이 모든 일에 올바른 판단과 정직함을 몸소 실천하도록 인도하옵소서. 저희들의 가정이 하나님의 진리와 빛 안에 굳건히 서서 서로에게 바른 본이 되는 축복된 공동체가 되게 하옵소서.

또한, 매 순간 선택의 기로에서 하나님의 도우심을 구하며, 정직과 진실됨이 모든 관계의 근간이 되도록 인도해 주시고, 저희의 삶 속에 하나님의 빛이 비추어 모든 행동이 정직함으로 나타나게 하옵소서.

이 모든 기도를 살아계신 예수 그리스도의 이름으로 간절히 기도드립니다. 아멘.

남을 먼저 배려하는 마음을 갖는 자녀

거룩하신 하나님,

오늘도 저희 가정을 하나님의 사랑으로 채워 주시고, 새로운 하루를 허락하심에 감사드립니다. 저희 자녀가 하나님을 의지하며 용기를 내어 자신의 길을 걸어갈 수 있도록 힘을 주소서. 세상의 어려움 앞에서도 낙심하지 않고, 믿음과 희망을 가지고 살아가게 하소서. 부모 된 저희들도 자녀에게 격려와 사랑을 아끼지 않으며, 하나님의 뜻을 따라 살아가는 가정이 되게 하소서. 저희 자녀가 자신의 이익보다 남을 먼저 배려하는 따뜻한 마음을 가지고 살아가도록 인도하여 주옵소서.

하나님, 저희 자녀가 주변의 사람들을 돌아볼 줄 아는 넓은 마음을 가지게 하시고, 작은 일에서도 배려하는 태도를 배우게 하옵소서. 다른 사람의 필요를 먼저 생각하며, 겸손하고 친절한 태도로 친구와 이웃을 대하는 자녀가 되게 하옵소서.

하나님, 저희 자녀가 이기심을 내려놓고, 하나님의 사랑을 실천하는 자녀가 되게 하시며, 나눔과 섬김을 기쁨으로 여길 수 있도록 도와주옵소서. 친구들과 함께할 때 자기 주장만을 앞세우지 않고, 타인의 의견을 존중하며 공감할 줄 아는 자녀가 되게 하옵소서.

하나님, 저희 자녀가 말과 행동을 통해 남에게 위로와 격려를 전할 줄 알게 하시고, 다른 사람을 돕고 싶어 하는 따뜻한 마음을 품도록 인도하여 주옵소서. 세상 속에서 배려와 사랑의 가치를 실천하며, 하나님의 사랑을 전하는 자녀가 되도록 축복하여 주옵소서.

하나님, 부모된 저희가 가정에서 먼저 이웃과 타인을 돌아보며 사랑과 배려를 실천할 때, 자녀들이 남의 아픔과 필요를 먼저 헤아리고 따뜻한 관심을 나누도록 인도하옵소서. 저희들의 가정이 하나님의 사랑으로 가득 차 서로를 아끼며, 세상에 따뜻한 배려의 손길을 먼저 전하는 축복된 공동체가 되게 하옵소서.

또한, 자녀들이 모든 만남 속에서 진심 어린 배려와 사랑을 실천하여, 그들의 작은 관심이 큰 변화를 이루며 하나님의 은혜를 전하는 증거가 되도록 인도해 주시옵소서.

이 모든 기도를 살아계신 예수 그리스도의 이름으로 간절히 기도드립니다. 아멘.

작은 일에도 책임감을 느끼는 자녀

신실하신 하나님,

오늘도 저희 가정을 지켜 주시고, 새로운 하루를 허락하심에 감사드립니다. 저희 자녀가 감사하는 마음으로 하루를 시작하고, 매 순간 하나님의 인도하심을 경험하게 하옵소서. 작은 일에도 기뻐하며, 주어진 것에 만족할 줄 아는 겸손한 마음을 가지게 하시고, 언제나 하나님의 은혜를 기억하며 살아가게 하소서. 부모 된 저희들도 자녀와 함께 감사하는 삶을 살며, 늘 하나님께 영광 돌리게 하옵소서. 저희 자녀가 맡겨진 일에 최선을 다하고, 작은 일에도 책임감을 느끼는 자녀로 성장하도록 인도하여 주옵소서.

하나님, 저희 자녀가 맡은 일을 소중히 여기며, 어떤 작은 일에도 충실히 감당하는 마음을 가지게 하옵소서. 스스로 해야 할 일을 미루거나 가볍게 여기지 않도록 하시고, 끝까지 최선을 다하는 성실한 태도를 배우게 하옵소서.

하나님, 저희 자녀가 책임을 지는 것이 부담이 아니라 하나님께서 맡겨주신 소중한 기회임을 깨닫게 하시고, 어떤 상황에서도 믿음직한 사람이 될 수 있도록 도와주옵소서. 실수하거나 어려움을 겪더라도 도망치지 않고, 해결하려는 용기와 지혜를 가지게 하옵소서.

하나님, 저희 자녀가 자신의 행동이 다른 사람에게 영향을 미친다는 것을 깨닫고, 가정과 학교에서 신뢰받는 자녀가 되게 하옵소서. 사소한 일도 정직하게 감당하며, 맡겨진 일에 대한 책임감을 가지고 성실히 실천하는 자녀가 되도록 축복하여 주옵소서.

하나님, 부모된 저희가 가정에서 사소한 일에도 성실과 책임감을 보이는 모습을 실천할 때, 자녀들이 주어진 모든 일에 충실히 임하며 책임감을 느끼도록 인도하옵소서. 저희들의 가정이 신실한 마음과 헌신으로 하나님의 뜻을 이루는 축복된 공동체가 되게 하옵소서.

하나님, 저희 아이들이 매일의 작은 일에서부터 큰 책임까지 하나님의 도우심을 체험하며, 그들의 삶이 하나님의 신실함을 반영하는 증거가 되도록 인도해 주시옵소서.

이 모든 기도를 살아계신 예수 그리스도의 이름으로 간절히 기도드립니다. 아멘.

용서하는 마음을 배우는 자녀

자비로우신 하나님,

오늘도 저희 가정을 하나님의 평안으로 감싸 주시니 감사드립니다. 자녀가 어떤 환경 속에서도 하나님의 사랑을 기억하며, 온유하고 너그러운 마음을 가진 사람이 되게 하소서. 어려운 이웃을 돌아볼 줄 알고, 타인을 위해 기도하며 행동하는 따뜻한 마음을 허락하여 주옵소서. 부모 된 저희들도 하나님의 사랑을 실천하며, 자녀에게 희생과 섬김을 가르칠 수 있도록 도와주시옵소서. 저희 자녀가 다른 사람을 용서하는 마음을 배우고, 하나님의 사랑을 실천하는 삶을 살아가도록 인도하여 주옵소서.

하나님, 저희 자녀가 분노와 미움을 품기보다 용서하고 화해하는 마음을 가질 수 있도록 도와주옵소서. 상대방의 실수를 오래 기억하는 것이 아니라, 하나님께서 저희를 용서하신 것처럼 너그럽고 따뜻한 마음으로 다른 이를 품는 자녀가 되게 하옵소서.

하나님, 저희 자녀가 친구들과의 관계에서 갈등을 겪을 때에도 화를 내기보다는 대화하고 이해하려는 태도를 가지게 하시고, 작은 상처도 하나님 앞에 내려놓으며 평안을 누리게 하옵소서. 용서가 연약함이 아니라 강한 마음에서 비롯된다는 것을 깨닫게 하시고, 용서를 통해 더 깊은 사랑을 배우게 하옵소서.

하나님, 저희 자녀가 실수한 친구를 정죄하기보다 다시 일어설 수 있도록 격려하며, 실수했을 때도 스스로 용서를 구할 줄 아는 겸손한 자녀로 자라게 하옵소서. 가정과 학교에서 화해와 평화를 이루는 자녀가 되게 하시고, 언제나 사랑과 온유함을 실천하는 삶을 살아가게 하옵소서.

하나님, 부모된 저희가 가정에서 서로에게 용서와 화해의 본을 보일 때, 자녀들이 상처와 오해를 넘어 용서와 사랑을 선택하는 마음을 배우도록 인도하옵소서. 저희들의 가정이 하나님의 자비로 서로를 감싸며 평화와 화합을 이루는 축복의 공동체가 되게 하옵소서.

또한, 자녀들이 모든 갈등 상황에서 하나님의 용서의 본을 따라, 진심 어린 화해와 사랑의 실천으로 관계를 회복하도록 인도해 주시옵소서.

이 모든 기도를 살아계신 예수 그리스도의 이름으로 간절히 기도드립니다. 아멘.

건강한 자존감을 갖도록 하는 자녀

영원한 소망이 되시는 하나님,

오늘도 저희 가정을 하나님의 은혜로 지켜 주심에 감사드립니다. 저희 자녀가 하나님께서 주신 재능을 발견하고, 그 재능을 하나님의 뜻대로 사용할 줄 아는 사람이 되게 하옵소서. 자신의 능력을 자랑하는 것이 아니라, 하나님께서 허락하신 축복임을 기억하며 겸손한 자세로 살아가게 하소서. 부모 된 저희들도 자녀의 재능을 귀하게 여기며, 하나님께서 주신 길로 인도할 수 있도록 지혜를 허락하여 주옵소서. 저희 자녀가 하나님께서 지으신 모습 그대로를 사랑하며, 건강한 자존감을 가지고 살아가도록 인도하여 주옵소서.

하나님, 저희 자녀가 자신의 가치를 세상의 기준이 아닌 하나님의 사랑 안에서 찾게 하시고, 비교와 열등감에 휩싸이지 않도록 도와주옵소서. 하나님께서 창조하신 소중한 존재임을 깨닫고, 자신의 장점을 발견하며 감사하는 마음을 품게 하옵소서.

하나님, 저희 자녀가 실패나 실수를 경험할 때에도 자신을 비하하지 않고, 하나님께서 주시는 힘과 은혜로 다시 도전하는 용기를 가지게 하옵소서. 자신의 부족함을 하나님께 맡기며, 하나님께서 허락하신 재능을 바르게 사용하여 성장하는 기쁨을 누리는 자녀가 되게 하옵소서.

하나님, 저희 아이가 다른 사람과 비교하며 낙심하기보다, 자신만의 소명을 발견하고 기쁘게 감당하는 자녀로 자라게 하옵소서. 하나님의 시선으로 자신을 바라보고, 하나님께서 주시는 평안과 만족 속에서 흔들리지 않는 자존감을 지니게 하옵소서.

하나님, 부모된 저희가 가정에서 자녀 한 사람 한 사람의 소중함을 존중하며 사랑을 실천할 때, 자녀들이 건강한 자존감을 가지고 자신을 소중히 여기며 성장하도록 인도하옵소서. 저희들의 가정이 하나님의 무한한 사랑 안에서 빛나는 자존감으로 세상을 밝히는 축복된 공동체가 되게 하옵소서.

또한, 자녀들이 스스로의 가치를 깨닫고 하나님의 사랑 속에서 자신감을 얻어, 어떠한 어려움 속에서도 당당히 서도록 도와 주시옵소서.

이 모든 기도를 살아계신 예수 그리스도의 이름으로 간절히 기도드립니다. 아멘.

건강한 자존감을 갖는 자녀

사랑의 하나님,

오늘도 저희 가정을 하나님의 사랑으로 감싸 주시고, 새로운 하루를 허락하심에 감사드립니다. 자녀가 언제나 하나님 안에서 기쁨을 찾고, 모든 일을 하나님께 맡기며 평안한 삶을 살아가게 하소서. 염려와 걱정을 내려놓고, 하나님의 말씀을 의지하며 하루를 시작할 수 있도록 인도하여 주옵소서. 부모 된 저희들도 자녀에게 평안과 기쁨을 전하는 존재가 되도록 도와주시옵소서. 저희 자녀가 하나님께서 지으신 모습 그대로를 사랑하며, 건강한 자존감을 가지고 살아가도록 인도하여 주옵소서.

하나님, 저희 자녀가 자신의 가치를 세상의 기준이 아닌 하나님의 사랑 안에서 찾게 하시고, 비교와 열등감에 휩싸이지 않도록 도와주옵소서. 하나님께서 창조하신 소중한 존재임을 깨닫고, 자신의 장점을 발견하며 감사하는 마음을 품게 하옵소서.

하나님, 저희 자녀가 실패나 실수를 경험할 때에도 자신을 비하하지 않고, 하나님께서 주시는 힘과 은혜로 다시 도전하는 용기를 가지게 하옵소서. 자신의 부족함을 하나님께 맡기며, 하나님께서 허락하신 재능을 바르게 사용하여 성장하는 기쁨을 누리는 자녀가 되게 하옵소서.

하나님, 이 아이가 다른 사람과 비교하며 낙심하기보다, 자신만의 소명을 발견하고 기쁘게 감당하는 자녀로 자라게 하옵소서. 하나님의 시선으로 자신을 바라보고, 하나님께서 주시는 평안과 만족 속에서 흔들리지 않는 자존감을 지니게 하옵소서.

하나님, 부모된 저희가 가정에서 매일 자녀들의 재능과 가치를 칭찬하며 격려할 때, 자녀들이 하나님의 사랑 안에서 건강한 자존감을 갖고 당당히 살아가도록 인도하옵소서. 저희들의 가정이 하나님의 사랑으로 서로를 격려하며, 자존감이 넘치는 축복의 공동체가 되게 하옵소서.

하나님, 저희 자녀들이 모든 도전 속에서도 하나님의 은혜를 체험하며, 자신을 사랑하고 존중하는 마음이 날마다 자라도록 인도해 주시옵소서.

이 모든 기도를 살아계신 예수 그리스도의 이름으로 간절히 기도드립니다. 아멘.

자기 조절 능력을 배우는 자녀

자비로우신 우리들의 하나님,
오늘도 저희 가정을 하나님의 은혜로 지켜 주시니 감사드립니다. 저희 자녀가 하나님의 말씀을 가까이하며, 그 말씀을 마음에 새기고 실천하는 사람이 되게 하옵소서. 어떤 유혹과 시험이 찾아와도 흔들리지 않고, 하나님께서 주신 지혜로 옳고 바른 선택을 하도록 도와주옵소서. 부모 된 저희들도 하나님의 말씀을 의지하며 자녀를 양육하고, 하나님의 가르침을 따라 살아갈 수 있도록 인도하여 주옵소서. 저희 자녀가 자신의 감정과 행동을 잘 조절하며, 지혜롭고 절제된 삶을 살아가도록 인도하여 주옵소서.

하나님, 저희 자녀가 순간의 감정에 휘둘리지 않고, 차분하게 상황을 판단하며 올바른 결정을 내릴 수 있는 능력을 가지게 하옵소서. 분노나 좌절, 기쁨이나 슬픔의 감정 속에서도 스스로를 다스리며, 하나님의 뜻에 맞는 행동을 선택하는 지혜를 허락하여 주옵소서.

하나님, 저희 자녀가 욕구를 절제하고, 인내하며 기다릴 줄 아는 마음을 배우게 하시고, 충동적인 행동보다 깊이 생각하고 행동하는 습관을 기르게 하옵소서. 자신의 한계를 인정하고, 항상 하나님의 도우심을 구하며 성장하는 자녀가 되게 하옵소서.

하나님, 저희 아기가 자기 조절을 통해 책임감 있는 삶을 살아가며, 주변 사람들에게 신뢰를 주는 사람이 되게 하옵소서. 이러한 성품을 통해 하나님의 사랑과 지혜를 나타내는 자녀로 자라게 하옵소서.

하나님, 부모된 저희가 가정에서 감정을 다스리고 침착하게 행동하는 모습을 통해, 자녀들이 어려움 속에서도 자기 조절 능력을 배워 평안한 마음으로 하나님을 따르도록 인도하옵소서. 저희들의 가정이 하나님의 지혜로 자신을 온전히 다스리며, 건강한 마음으로 하나님을 섬기는 축복의 공동체가 되게 하옵소서.

또한, 자녀들이 자신의 감정을 인식하고 현명하게 조절하는 법을 배워, 모든 상황에서 하나님의 평화를 경험하며 성장하도록 도와 주시옵소서.

이 모든 기도를 살아계신 예수 그리스도의 이름으로 간절히 기도드립니다. 아멘.

욕심보다는 나눔을 배우는 자녀

 거룩하신 하나님,
 오늘도 저희 가정을 보호하시고, 새로운 하루를 선물해 주심에 감사드립니다. 저희들의 자녀가 언제나 하나님의 사랑을 기억하며, 말과 행동에 신중한 사람이 되게 하소서. 겸손한 마음으로 배우고 성장하며, 타인을 존중하는 인격을 갖추게 하옵소서. 부모 된 저희들도 자녀와 함께 성장하며, 믿음 안에서 하나 되는 가정이 되게 하여 주옵소서. 저희 자녀가 자신의 욕심을 내려놓고, 이웃과 함께 나누는 기쁨을 배우며 살아가도록 인도하여 주옵소서.
 하나님, 저희 자녀가 물질적인 풍요로움에 집착하지 않고, 하나님께서 주신 것들을 감사함으로 받아들이게 하옵소서. 언제나 주변의 필요를 돌아보는 마음을 가지게 하옵소서. 작은 것이라도 기꺼이 나누며, 나눔의 기쁨을 경험하는 자녀로 자라게 하옵소서.
 하나님, 저희 자녀가 자신의 재능과 시간을 이웃과 함께 나누며, 하나님의 사랑을 실천하는 삶을 살아가게 하시고, 나눔을 통해 더 큰 기쁨과 만족을 누리게 하옵소서. 이기심을 버리고, 하나님의 마음을 닮아가는 자녀로 성장하게 하옵소서.

하나님, 저희 자녀가 이러한 나눔을 통해서 세상에서 빛과 소금의 역할을 감당하며, 하나님의 사랑을 전하는 통로가 되게 하옵소서. 이를 통해 많은 사람들이 하나님의 사랑을 경험하게 하옵소서.

하나님, 부모된 저희가 가정에서 물질보다 마음의 풍요와 나눔의 기쁨을 실천할 때, 자녀들이 욕심을 버리고 이웃과 기쁨을 나누는 법을 배우도록 인도하옵소서. 저희들의 가정이 하나님의 자비로 서로를 나누며, 나눔의 은혜를 실천하는 축복된 공동체가 되게 하옵소서.

하나님, 저희 자녀들이 가진 모든 것을 기꺼이 나누며, 그 나눔이 하나님의 사랑과 축복으로 이어져 세상에 빛을 발하도록 인도해 주시옵소서.

이 모든 기도를 살아계신 예수 그리스도의 이름으로 간절히 기도드립니다. 아멘.

불평보다는 감사하는 마음을 가진 자녀

신실하신 사랑의 하나님,

오늘도 저희 가정을 하나님의 사랑으로 감싸 주시고, 자녀에게 신앙을 가지게 하심에 감사드립니다. 자녀가 하나님의 뜻을 구하며 살아가고, 어떤 순간에도 하나님을 최우선으로 여기는 사람이 되게 하소서. 저희 자녀가 삶의 모든 순간에 불평보다는 감사하는 마음을 키우며, 하나님의 은혜를 깨닫고 살아가도록 인도하여 주시옵소서.

하나님, 저희 자녀가 일상의 작은 일들 속에서도 감사의 이유를 발견하게 하시옵소서. 주어진 환경과 상황에 불평하거나 원망하지 않도록 도와주옵소서. 세상의 유혹과 비교로 인해 마음이 흔들리지 않게 하시고, 하나님께서 주신 것들에 만족하며 감사하는 법을 배우게 하옵소서. 자녀가 어려움과 시련을 만날 때에도 그 속에서 하나님의 뜻을 찾고, 감사의 제목을 발견할 수 있는 지혜를 허락하여 주옵소서.

하나님, 저희 자녀의 마음에 감사의 씨앗을 심어 주시어,

그 씨앗이 자라나 삶의 모든 영역에서 열매를 맺게 하옵소서. 감사하는 마음이 자녀의 성품이 되어, 주변 사람들에게도 긍정적인 영향을 미치며, 하나님의 사랑을 전하는 통로가 되게 하옵소서. 자녀가 감사의 중요성을 깨닫고, 날마다 하나님께 감사의 기도를 드리는 습관을 기르게 하옵소서. 아침에 눈을 뜰 때부터 잠자리에 들기까지, 모든 순간에 하나님의 은혜를 기억하며 감사하는 자녀로 성장하게 하옵소서.

하나님, 저희 자녀가 감사의 마음으로 가득 차, 불평과 원망이 설 자리가 없게 하시고, 감사의 표현이 말과 행동으로 자연스럽게 나타나도록 인도하여 주소서. 이를 통해 자녀의 삶이 더욱 풍성해지고, 하나님의 기쁨이 충만하게 하옵소서.

하나님, 부모된 저희가 가정에서 매 순간 하나님의 은혜에 감사하며 살아갈 때, 자녀들이 불평 대신 감사의 기쁨을 선택하며 찬양하는 마음을 갖도록 인도하옵소서. 저희들의 가정이 감사와 찬양으로 충만하여 하나님의 은혜를 온전히 누리는 축복의 공동체가 되게 하옵소서.

또한, 자녀들이 어려운 순간에도 하나님의 선하심을 발견하며, 감사의 마음으로 모든 일을 바라보도록 인도해 주시고, 그 감사함이 주변에 기쁨과 사랑을 전하게 하옵소서.

이 모든 기도를 저희를 구원하신 예수 그리스도의 이름으로 간절히 기도드립니다. 아멘.

하나님이 주신 재능을 발견하는 자녀

은혜와 자비가 충만하신 하나님,

오늘도 저희 가정을 하나님의 평안으로 채워 주시고, 저희에게 새로운 하루를 허락하심에 감사드립니다. 자녀가 하나님의 보호하심 속에서 건강하고 밝게 자라나도록 인도하여 주옵소서. 몸과 마음이 강건하여, 어떤 어려움 속에서도 용기를 잃지 않고 나아가는 사람이 되게 하소서. 부모 된 저희들도 자녀에게 좋은 환경을 제공하며, 하나님의 뜻대로 양육할 수 있도록 지혜를 더하여 주옵소서. 저희 자녀가 하나님께서 주신 재능과 은사를 발견하고, 이를 통해 하나님의 영광을 나타내는 삶을 살아가도록 인도하여 주시옵소서.

하나님, 저희 자녀가 자신의 재능을 발견할 수 있는 지혜와 통찰력을 허락하여 주옵소서. 다양한 경험과 배움을 통해 숨겨진 능력을 깨닫고, 그 재능을 개발하며 성장할 수 있도록 도와주시옵소서. 또한, 그 재능이 하나님께로부터 온 것임을 깨닫고, 감사하는 마음을 가지게 하옵소서.

하나님, 저희 자녀가 자신의 재능을 발견할 때, 그것을 하나님의 뜻에 따라 선하게 사용하도록 인도하여 주옵소서. 그 재능을 통해 이웃을 섬기고, 사회에 기여하며, 하나님의 사랑을 전하는 도구로 삼게 하옵소서. 또한, 그 과정속에서 겸손함을 잃지 않고, 언제나 하나님의 인도하심을 구하는 자녀로 자라게 하옵소서.

하나님, 이 아기가 재능을 발견하고 발전시키는 과정에서 어려움이나 좌절을 겪을 때에도, 용기와 인내를 주시어 포기하지 않고 계속 나아갈 수 있도록 힘을 더하여 주옵소서. 실패를 두려워하지 않고, 그것을 통해 배우며 더욱 성장하는 자녀가 되게 하옵소서.

하나님, 부모된 저희가 가정에서 각 자녀의 재능을 격려하고 소중히 여기는 모습을 보일 때, 자녀들이 하나님이 주신 고유한 재능을 발견하여 온전히 활용하도록 인도하옵소서. 저희들의 가정이 하나님의 지혜와 인도하심으로 각자의 재능을 꽃피우며 세상에 하나님의 영광을 전하는 축복된 공동체가 되게 하옵소서. 더불어, 자녀들이 자신의 재능을 발견하고 개발하는 과정에서 하나님의 도우심을 구하며, 그 재능이 이웃과 사회에 봉사의 도구가 되도록 인도해 주시옵소서.

이 모든 기도를 저희를 구원하신 예수 그리스도의 이름으로 간절히 기도드립니다. 아멘.

자신의 꿈을 지켜나가는 자녀

사랑의 하나님,

오늘도 저희 가정을 하나님의 은혜로 보호해 주심에 감사드립니다. 저희 자녀가 자신의 삶을 통해 하나님의 영광을 나타내며, 하나님을 기쁘시게 하는 삶을 살아가도록 인도하여 주옵소서. 타인을 배려하는 마음을 가지고, 따뜻한 사랑을 전하는 사람이 되게 하소서. 부모 된 저희들도 자녀를 진실한 사랑으로 양육하며, 하나님의 사랑을 실천하는 가정이 되도록 도와주시옵소서. 저희 자녀가 하나님께서 주신 꿈과 비전을 발견하고, 그 꿈을 지켜나가며 하나님의 영광을 나타내는 삶을 살아가도록 인도하여 주시옵소서.

하나님, 저희 자녀의 마음속에 하나님께서 심어주신 꿈과 소망이 있습니다. 그 꿈이 세상의 유혹이나 어려움으로 인해 사라지지 않도록 지켜 주시고, 오히려 시련을 통해 더욱 단단해지며 성장할 수 있도록 도와주시옵소서. 자녀가 자신의 꿈을 향해 나아갈 때, 하나님의 지혜와 용기를 더하여 주시고,

필요한 모든 자원을 공급하여 주시옵소서.

하나님, 저희 자녀가 꿈을 이루는 과정에서 실패나 좌절을 경험할 때에도 낙심하지 않고, 그것을 배움의 기회로 삼아 더욱 성장할 수 있도록 인도하여 주시옵소서. 하나님께서 함께 하심을 믿고, 어떤 어려움도 극복할 수 있는 믿음과 용기를 허락하여 주시옵소서.

하나님, 저희 자녀의 꿈이 하나님의 뜻과 일치하게 하시고, 그 꿈을 통해 많은 사람들에게 선한 영향력을 끼치며, 하나님의 사랑과 은혜를 전하는 통로가 되게 하시옵소서. 자녀의 꿈이 개인의 욕망이 아니라, 하나님의 나라를 위한 귀한 도구로 사용되게 하시고, 이를 통해 하나님의 영광이 드러나게 하옵소서.

하나님, 부모된 저희가 가정에서 자녀가 꿈을 꾸고 그 꿈을 향해 꾸준히 나아가는 모습을 응원할 때, 하나님의 인도 속에서 소망과 목표를 굳건히 지켜나가도록 인도하옵소서. 저희들의 가정이 꿈과 소망이 넘치는 축복의 터전이 되어, 각자의 길에서 하나님의 빛을 발하는 공동체가 되게 하옵소서.

또한, 자녀들이 꿈을 향한 여정에서 하나님의 확실한 인도와 격려를 받으며, 도전 속에서도 결코 소망을 잃지 않고 나아가게 하시옵소서. 이 모든 기도를 저희를 구원하신 예수 그리스도의 이름으로 간절히 기도드립니다. 아멘.

인생의 목적을 찾아가는 자녀

저희들의 길을 예비하시는 거룩하신 하나님,
오늘도 저희 가정을 하나님의 사랑으로 채워 주시니 감사드립니다. 저희 자녀가 인내와 절제의 마음을 배워, 순간의 감정에 휩쓸리지 않고 지혜롭게 행동하는 사람이 되게 하소서. 신중하게 말하고, 책임감 있는 태도를 갖추어 신뢰받는 사람이 되도록 인도하여 주옵소서. 부모 된 저희들도 자녀를 인내와 사랑으로 가르치며, 하나님의 뜻대로 양육할 수 있도록 도와주시옵소서. 저희 자녀가 하나님께서 주신 인생의 목적을 발견하고, 그 목적을 따라 살아가며 하나님의 영광을 나타내는 삶을 살도록 인도하여 주시옵소서.

하나님, 저희 자녀가 자신의 삶에 대한 하나님의 계획과 뜻을 깨닫게 하시고, 그 목적을 발견하는 기쁨을 누리게 하옵소서. 세상의 유혹과 혼란 속에서도 하나님의 음성에 귀 기울이며, 하나님께서 예비하신 길을 분별할 수 있는 지혜를 허락하여 주시옵소서. 아이의 마음에 하나님의 비전을 심어 주시고, 그 비전을 따라 담대히 나아가는 용기를 주옵소서.

하나님, 이 아이가 자신의 재능과 능력을 발견하고, 그것이 하나님께서 주신 선물임을 깨닫게 하옵소서. 그 재능을 하나님의 영광을 위해 사용하며, 복음을 전달하고, 선교를 지향하는 삶을 살아가는데 사용되게 하소서. 이웃과 사회에 선한 영향력을 끼치는 삶을 살아가게 하옵소서. 자신의 능력을 과소평가하거나 남과 비교하여 낙심하지 않도록 도와주시고, 하나님께서 주신 고유한 역할을 기쁨으로 감당하게 하옵소서.

하나님, 저희 자녀가 인생의 목적을 이루는 과정에서 어려움과 시련을 만날 때에도 낙심하지 않고, 하나님께 의지하며 극복할 수 있는 힘과 인내와 지혜를 주옵소서. 실패와 좌절 속에서도 하나님의 선하신 계획을 신뢰하며, 다시 일어설 수 있는 용기와 희망을 허락하여 주시옵소서. 하나님께서 함께 하심을 믿고, 어떤 상황에서도 감사와 찬양을 드리는 신앙의 자녀로 자라게 하옵소서.

하나님, 저희 자녀가 하나님의 말씀을 사랑하고 묵상하며, 그 말씀 안에서 인생의 방향을 찾게 하옵소서. 세상의 가치관에 흔들리지 않고, 하나님의 진리 위에 굳건히 서서 살아가게 하옵소서. 하나님의 계명을 지키며, 그 말씀을 삶의 지침으로 삼아 올바른 길을 걸어가게 하옵소서.

하나님, 저희 아이가 하나님의 사랑을 깊이 체험하고, 그 사랑을 이웃과 나누는 삶을 살아가게 하옵소서. 자신의 유익보다 다른 사람의 필요를 먼저 생각하며, 섬김과 나눔의 삶을 실천하게 하옵소서. 이를 통해 하나님의 사랑이 세상에 전파되며, 아이의 삶이 하나님의 도구로 쓰임 받게 하옵소서.

하나님, 저희 자녀가 인생의 목적을 이루기 위해 꾸준히 노력하며, 자기 발전에 힘쓰는 부지런한 사람이 되게 하옵소서. 게으름을 멀리하고, 주어진 시간과 자원을 지혜롭게 사용하여 하나님의 뜻을 이루는 삶을 살아가게 하옵소서. 또한, 자신의 성장을 통해 주위 사람들에게도 선한 영향력을 미치게 하옵소서.

하나님, 저희 자녀가 하나님의 공동체 안에서 함께 성장하며, 서로를 격려하고 지지하는 관계를 맺게 하옵소서. 교회와 사회에서 하나님의 사랑을 실천하며, 공동체의 일원으로서 책임과 의무를 다하게 하옵소서. 이러한 모든 과정을 통해 아이의 인생이 더욱 풍성해지고, 하나님의 나라를 확장하는 데 기여하게 하옵소서.

하나님, 부모된 저희가 가정에서 삶의 의미와 목적을 찾는 본을 보일 때, 자녀들이 하나님의 말씀을 통해 진정한 인생의 목적을 깨닫고 그 길을 따르도록 인도하옵소서. 저희들의 가정이 하나님의 진리 안에서 인생의 의미를 발견하며 그 목적에 따라 살아가는 축복의 공동체가 되게 하옵소서.

또한, 자녀들이 인생의 여정 속에서 하나님의 비전을 분별하고, 그 소명을 감당하며 미래의 길을 확고하게 걸어가도록 인도해 주시옵소서.

이 모든 기도를 저희를 구원하신 예수 그리스도의 이름으로 간절히 기도드립니다. 아멘.

세상가치보다 하나님의 뜻을 우선하는 자녀

신실하신 하나님,

오늘도 저희 가정을 하나님의 보호하심 속에 두시니 감사드립니다. 저희 자녀가 선한 양심을 가지고 정직하게 살아가며, 하나님께서 기뻐하시는 삶을 살도록 도와주옵소서. 저희들도 자녀에게 정직한 본이 되며, 하나님의 뜻을 따라 살아갈 수 있도록 인도하여 주옵소서. 저희 자녀가 세상의 가치보다 하나님의 뜻을 우선하며 살아가도록 인도하여 주옵소서.

하나님, 저희 자녀가 세상의 유혹과 헛된 영광에 마음을 빼앗기지 않도록 지켜 주시고, 늘 하나님의 말씀과 진리를 따라 살아가게 하옵소서. 세상의 기준이 아닌 하나님dml 기준으로 옳고 그름을 분별하며, 하나님의 뜻을 최우선으로 삼는 삶을 살게 하옵소서. 하나님의 말씀을 사랑하고 묵상하며, 그 말씀을 삶의 지침으로 삼게 하옵소서. 하나님의 계명을 마음에 새기고, 그 가르침에 순종하며 살아가도록 인도하여 주시옵소서.

하나님, 저희 아이가 하나님의 뜻을 분별할 수 있는 지혜를 허락하여 주시고, 그 뜻을 이루기 위해 용기 있게 행동할 수 있도록 힘을 주소서. 세상의 압력과 유행에 휩쓸리지 않고, 하나님의 길을 굳건히 가는 믿음을 허락하여 주시옵소서.

하나님, 저희 자녀가 하나님의 사랑을 깊이 체험하고, 그 사랑을 이웃과 나누는 삶을 살아가게 하옵소서. 자신의 유익보다 다른 사람의 필요를 먼저 생각하며, 섬김과 나눔의 삶을 실천하게 하옵소서. 이를 통해 하나님의 사랑이 세상에 전파되며, 자녀가 하나님의 도구로 쓰임 받게 하옵소서. 하나님의 공동체 안에서 함께 성장하며, 서로를 격려하고 지지하는 관계를 맺게 하옵소서. 이를 통해 그 아이의 인생이 더욱 풍성해지고, 하나님의 나라를 확장하는 데 기여하게 하옵소서.

하나님, 부모된 저희가 가정에서 세상의 유혹 대신 하나님의 뜻을 따르는 모습을 실전할 때, 자녀들이 모든 가치 중 하나님의 뜻을 최우선에 두고 살아가도록 인도하옵소서. 저희들의 가정이 하나님의 우선순위 안에서 하나 되어, 영원한 진리를 추구하는 축복의 공동체가 되게 하옵소서.

하나님, 저희 자녀들이 매 순간 하나님의 말씀에 귀 기울이며, 세상의 유혹을 이겨내고 하나님의 뜻에 따라 올바른 선택을 하도록 도와 주시옵소서. 예수 그리스도의 이름으로 간절히 기도드립니다. 아멘.

어려움을 두려워하지 않는 자녀

저희의 길을 예비하시는 자비로운 하나님,
오늘도 저희 가정을 하나님의 평안으로 감싸 주시고, 새로운 하루를 허락하심에 감사드립니다. 저희 자녀가 인내하며 기다릴 줄 아는 지혜를 배우고, 작은 일에도 감사하는 마음을 가지게 하옵소서. 저희 자녀가 인생의 어려움과 시련을 두려워하지 않고, 하나님의 힘과 지혜로 담대히 맞서며 성장할 수 있도록 인도하여 주옵소서.

하나님, 저희 자녀가 삶의 여정에서 여러 도전과 역경을 만날 때, 그 순간들을 피하지 않고 오히려 하나님께서 주시는 기회로 받아들이게 하옵소서. 어려움 속에서도 하나님의 뜻을 찾고, 그 과정을 통해 더욱 성숙하고 지혜로운 사람으로 자라나게 하옵소서. 그 마음에 강한 믿음과 용기를 심어 주시어, 어떤 상황에서도 하나님께서 함께하심을 확신하게 하옵소서. 두려움이 찾아올 때마다 하나님의 말씀을 기억하며, 그 말씀을 통해 위로와 힘을 얻고, 담대하게 앞으로 나아가게 하옵소서.

하나님, 저희 자녀가 실패나 좌절을 경험할 때에도 낙심하지 않고, 그것을 배움의 기회로 삼아 더욱 성장할 수 있도록 도와주시옵소서. 하나님께서 주시는 지혜로 상황을 바라보고, 긍정적인 태도로 문제를 해결하며, 끈기와 인내로 목표를 향해 나아가는 자녀가 되게 하옵소서. 스스로의 힘이 아닌 하나님의 능력에 의지하여 모든 어려움을 극복하며, 그 과정을 통해 하나님의 영광을 나타내는 삶을 살아가게 하옵소서. 자녀의 주변에 좋은 친구와 멘토를 허락하셔서, 함께 어려움을 나누고 지혜를 모으며 성장할 수 있도록 도와주옵소서. 서로를 격려하고 지지하는 관계 속에서 더욱 강인한 마음을 가지게 하시고, 하나님의 사랑을 경험하게 하옵소서.

하나님, 부모된 저희가 가정에서 어려움 속에서도 하나님의 도우심을 믿고 담대하게 살아가는 모습을 보일 때, 자녀들이 어떠한 시련도 두려움 없이 하나님께 의지하도록 인도하옵소서. 저희들의 가정이 하나님의 힘과 용기로 어려움을 극복하며 담대한 믿음의 축복된 공동체가 되게 하옵소서.

또한, 자녀가 고난 앞에서도 하나님의 약속을 붙들고, 두려움 없이 도전에 맞서 승리하는 삶을 살아가도록 인도해 주시옵소서. 예수 그리스도의 이름으로 간절히 기도드립니다. 아멘.

사랑과 희망을 품고 살아가는 자녀

영원한 소망이 되시는 하나님,

오늘도 저희 가정을 하나님의 은혜로 지켜 주심에 감사드립니다. 저희 자녀가 겸손한 마음을 가지고, 언제나 감사하는 태도로 살아가게 하소서. 부모 된 저희들도 자녀와 함께 하나님의 뜻을 따르며, 하나님의 영광을 드러내는 가정이 되도록 인도하여 주옵소서. 저희 자녀가 하나님의 사랑과 희망을 품고, 그 사랑과 희망을 세상에 전하며 살아가도록 인도하여 주시옵소서.

하나님, 저희 자녀의 마음에 하나님의 사랑이 가득하게 하시고, 그 사랑이 자녀의 삶을 통해 흘러나와 주변 사람들에게 전해지게 하옵소서. 하나님의 사랑을 깊이 체험하고, 그 사랑으로 인해 기쁨과 평안을 누리며, 그 사랑을 이웃과 나누는 삶을 살아가게 하옵소서.

하나님, 저희 자녀의 마음에 하나님의 희망을 심어 주시어, 어떤 어려움과 시련 속에서도 낙심하지 않고 하나님께서 주시는 소망을 붙들게 하옵소서. 세상의 절망과 어둠 속에서도 하나님의 빛을 바라보며, 그 빛을 따라 담대히 나아가는 자녀로 자라게 하옵소서.

하나님, 아이가 하나님의 말씀을 사랑하고 묵상하며, 그 말씀을 통해 하나님의 사랑과 희망을 더욱 깊이 깨닫게 하옵소서. 하나님의 진리 안에서 자유를 누리며, 그 진리를 세상에 전하는 삶을 살아가게 하옵소서. 하나님의 사랑과 희망을 품고, 이웃을 섬기며 나누는 삶을 살아가게 하옵소서. 자신의 유익보다 다른 사람의 필요를 먼저 생각하며, 하나님의 사랑을 실천하는 자녀로 자라게 하옵소서. 주변에 좋은 친구와 멘토를 허락하셔서, 하나님의 사랑과 희망을 나누며 성장할 수 있도록 도와주시옵소서. 서로를 격려하고 지지하는 관계 속에서 자녀가 더욱 하나님의 사랑을 깊이 체험하게 하옵소서.

하나님, 부모된 저희가 가정에서 서로에게 사랑과 희망을 전하는 모습을 통해, 자녀들이 하나님의 사랑 안에서 미래에 대한 희망을 품고 살아가도록 인도하옵소서. 저희들의 가정이 하나님의 사랑과 희망으로 충만하여 세상에 밝은 빛을 전하는 축복의 공동체가 되게 하옵소서. 또한, 자녀들이 매 순간 하나님의 약속을 믿으며 희망을 잃지 않고, 하나님의 인도하심 속에서 담대하게 미래를 준비하며 살아가게 하시옵소서. 예수 그리스도의 이름으로 간절히 기도드립니다. 아멘.

자신의 길을 하나님께 맡기는 자녀

사랑과 은혜가 충만하신 하나님,

오늘도 저희 가정을 하나님의 크신 손길로 보호해 주시니 감사드립니다. 저희 자녀가 하나님의 사랑을 배우며, 그 사랑을 세상과 나누는 축복의 사람이 되게 하소서. 작은 일에도 감사할 줄 알고, 다른 이들의 아픔을 공감하는 따뜻한 마음을 가지게 하시며, 하나님께서 기뻐하시는 성품을 닮아가게 하옵소서. 저희 자녀가 자신의 삶의 모든 길을 하나님께 맡기며, 하나님의 인도하심을 신뢰하고 따르는 믿음의 사람으로 자라나도록 인도하여 주시옵소서.

하나님, 저희 자녀가 자신의 계획과 꿈을 하나님 앞에 내려놓고, 하나님의 뜻을 구하며 살아가게 하옵소서. 자신의 지혜와 능력에 의지하기보다는, 하나님의 지혜와 능력을 의지하며, 모든 일에 하나님의 인도하심을 구하는 겸손한 마음을 가지게 하옵소서.

하나님, 저희 자녀가 삶의 여정에서 선택의 기로에 설 때마다 하나님의 뜻을 분별할 수 있는 지혜를 허락하여 주시고, 그 뜻에 순종하는 용기를 주옵소서. 세상의 유혹과 압력에 흔들리지 않고, 하나님의 말씀을 따라 바른 길을 선택하며 나아가게 하소서. 어려움과 시련을 만날 때에도 하나님께 자신의 길을 맡기며, 하나님의 선하신 계획을 신뢰하게 하옵소서. 낙심하거나 두려워하지 않고, 하나님께서 함께하심을 믿으며, 그 믿음으로 모든 어려움을 이겨내는 신앙을 주옵소서.

하나님, 저희 자녀의 마음에 하나님의 평안과 기쁨을 채워 주시어, 어떤 상황에서도 감사와 찬양을 드리는 삶을 살아가게 하옵소서. 자신의 길을 하나님께 맡길 때 주어지는 참된 안식과 만족을 경험하며, 그로 인해 하나님의 사랑을 더욱 깊이 깨닫게 하옵소서.

하나님, 부모된 저희가 가정에서 모든 일에 먼저 하나님의 인도하심을 구하는 모습을 보일 때, 자녀들이 자신의 길을 온전히 하나님께 맡기고 신뢰하며 살아가도록 인도하옵소서. 저희들의 가정이 하나님의 섭리와 은혜 안에서 모든 발걸음을 하나님께 의지하는 축복의 공동체가 되게 하옵소서.

더불어, 자녀들이 미래의 모든 계획을 하나님의 지혜에 맡기며, 어떤 어려움 속에서도 하나님의 뜻을 신뢰하고 따르도록 도와 주시옵소서. 예수 그리스도의 이름으로 간절히 기도드립니다. 아멘.

하나님이 기뻐하시는 삶을 사는 자녀

늘 저희를 용서하시는 자비로우신 하나님,
오늘도 저희 가정을 하나님의 사랑으로 감싸 주시니 감사드립니다. 저희 자녀가 하나님을 삶의 중심으로 삼고, 언제 어디서나 하나님과 동행하는 기쁨을 누리게 하소서. 세상의 헛된 것에 마음을 빼앗기지 않고, 하나님의 말씀을 따라 선한 길을 걷게 하시며, 용기와 지혜를 허락하여 주옵소서. 부모 된 저희들도 하나님의 뜻을 따라 자녀를 양육하며, 믿음으로 가정을 이끌어갈 수 있도록 은혜를 내려 주옵소서. 하나님께서 기뻐하시는 삶을 살아가도록 인도하여 주시옵소서.

하나님, 저희 자녀가 하나님의 말씀을 사랑하고 묵상하며, 그 말씀을 삶의 지침으로 삼게 하옵소서. 하나님의 계명을 마음에 새기고, 그 가르침에 순종하며 살아가도록 인도하여 주시옵소서. 세상의 소리에 귀 기울이기보다, 하나님의 음성에 더욱 민감하게 반응하는 자녀로 자라게 하옵소서.

하나님, 저희 자녀가 하나님의 뜻을 분별할 수 있는 지혜를 허락하여 주시고, 그 뜻을 이루기 위해 용기 있게 행동할 수 있는 힘을 주소서. 세상의 압력과 유행에 휩쓸리지 않고, 하나님의 길을 굳건히 걸어가는 믿음을 허락하여 주시옵소서.

하나님, 저희 자녀가 하나님의 사랑을 깊이 체험하고, 그 사랑을 이웃과 나누는 삶을 살아가게 하옵소서. 자신의 유익보다 다른 사람의 필요를 먼저 생각하며, 섬김과 나눔의 삶을 실천하게 하옵소서. 이를 통해 하나님의 사랑이 세상에 전파되며, 자녀의 삶이 하나님의 도구로 쓰임 받게 하옵소서.

하나님, 이 아이가 하나님의 공동체 안에서 함께 성장하며, 서로를 격려하고 지지하는 관계를 맺게 하옵소서. 교회와 사회에서 하나님의 사랑을 실천하며, 공동체의 일원으로서 책임과 의무를 다하게 하옵소서. 이를 통해 인생이 더욱 풍성해지고, 하나님의 나라를 확장하는 데 기여하게 하옵소서.

하나님, 부모된 저희가 가정에서 하나님의 기뻐하시는 삶을 모범으로 살아갈 때, 자녀들이 하나님께서 기뻐하시는 신앙과 사랑의 기준을 따라 살아가도록 인도하옵소서. 저희들의 가정이 하나님의 기쁨을 나누며 삶의 모든 순간마다 하나님의 영광을 드러내는 축복의 공동체가 되게 하옵소서.

또한, 자녀들이 하나님의 기쁨을 경험하고 그 기쁨을 주변에 전파하여, 하나님의 사랑이 나타나도록 인도해 주시옵소서. 예수 그리스도의 이름으로 간절히 기도드립니다. 아멘.

주어진 일에 성실한 자녀

저희들의 모든 것을 주관하시는 하나님,

오늘도 저희 가정을 지켜 주시고, 생명의 축복을 허락하심에 감사드립니다. 저희 자녀가 삶의 모든 순간에 하나님의 손길을 경험하며, 감사와 기쁨으로 하루하루를 살아가게 하소서. 인내하며 기다릴 줄 알고, 모든 일에 신중하며 성실한 태도를 가진 사람이 되게 하옵소서. 하나님께서 주신 사명을 발견하고 충실히 감당하도록 이끌어 주옵소서. 부모 된 저희들도 신앙의 본을 보이며, 자녀가 하나님의 길을 따라 살아가도록 도와주옵소서. 저희 자녀가 주어진 일에 성실하게 임하며, 하나님의 영광을 나타내는 삶을 살아가도록 인도하여 주시옵소서.

하나님, 저희 자녀가 작은 일에도 최선을 다하는 마음을 가지게 하시고, 맡은 바 책임을 충실히 이행하는 성실함을 허락하여 주옵소서. 게으름과 나태함을 멀리하고, 부지런함과 근면함으로 주어진 일을 감당하게 하옵소서.

하나님, 저희 자녀가 자신의 일에 열정을 가지고 임하며, 그 일을 통해 기쁨과 만족을 누리게 하옵소서. 어려움과 도전 앞에서도 포기하지 않고, 끈기와 인내로 끝까지 최선을 다하는 자녀로 자라게 하옵소서.

하나님, 저희 자녀가 자신의 노력의 결과를 하나님께 맡기며, 그 과정에서 하나님의 뜻을 발견하고 배우게 하옵소서. 성실한 노력을 통해 하나님의 섭리를 깨닫고, 그로 인해 믿음이 더욱 성장하게 하옵소서. 자녀의 주변에 좋은 친구와 멘토를 허락하셔서, 함께 성장하며 서로를 격려하고 지지하는 관계를 맺게 하옵소서. 이를 통해 자녀가 성실함의 가치를 더욱 깊이 깨닫고, 삶에 적용하게 하옵소서.

하나님, 부모된 저희가 가정에서 주어진 작은 일에도 최선을 다하며 성실히 살아가는 모습을 실천할 때, 자녀들이 하나님의 뜻 안에서 모든 일에 책임감을 가지고 임하도록 인도하옵소서. 저희들의 가정이 하나님의 성실함과 근면함으로 빛나는 축복의 공동체가 되게 하옵소서.

하나님, 저희 자녀들이 맡은 바 소임을 성실하게 수행하며, 그 작은 노력이 하나님의 축복으로 이어져 큰 열매를 맺도록 인도해 주시옵소서. 이 모든 기도를 저희를 구원하신 예수 그리스도의 이름으로 간절히 기도드립니다. 아멘.

하나님을 신뢰하며 미래를 준비하는 자녀

사랑과 평강의 하나님,

오늘도 저희 가정을 하나님의 따뜻한 품 안에 머물게 하시고, 새날을 허락하심에 감사드립니다. 저희 자녀가 하나님의 지혜를 따라 바른 길을 선택하며, 참된 가치가 무엇인지 분별할 수 있는 능력을 허락하여 주옵소서. 하나님을 공경하는 마음을 가지고, 정직과 성실로 살아가는 자녀가 되도록 인도하옵소서. 저희 자녀가 하나님을 온전히 신뢰하며, 하나님께서 예비하신 미래를 준비해 나가도록 인도하여 주시옵소서.

하나님, 저희 자녀가 하나님의 말씀을 사랑하고 묵상하며, 그 말씀을 통해 하나님의 뜻을 분별하게 하옵소서. 움직이는 세상의 가치관에 흔들리지 않고, 하나님의 진리 위에 굳건히 서서 자신의 삶을 계획하고 준비하게 하옵소서. 하나님의 지혜를 구하며, 그 지혜로 올바른 선택을 하며 나아가는 자녀로 자라게 하옵소서.

하나님, 아이가 자신의 능력과 지혜에 의지하기보다, 하나님의 능력과 지혜를 의지하며 살아가게 하옵소서. 모든 일에 하나님의 인도하심을 구하고, 하나님의 뜻에 순종하는 겸손한 마음을 가지게 하옵소서. 이를 통해 자녀의 삶이 하나님의 영광을 나타내는 도구로 쓰임 받게 하옵소서.

하나님, 저희 자녀가 미래에 대한 두려움이나 불안에 사로잡히지 않고, 하나님께서 함께하심을 믿으며 담대하게 나아가게 하옵소서. 하나님께서 자녀를 향한 선한 계획을 가지고 계심을 확신하며, 그 계획 안에서 희망과 기쁨을 누리게 하옵소서. 자녀의 주변에 신앙의 본이 되는 멘토와 친구들을 허락하셔서, 함께 하나님을 알아가며 성장할 수 있도록 도와주시옵소서. 서로를 격려하고 지지하는 관계 속에서 자녀가 하나님을 더욱 깊이 경험하게 하옵소서.

하나님, 부모된 저희가 가정에서 하나님의 인도하심을 믿고 미래를 준비하는 모습을 보일 때, 자녀들이 모든 계획 속에서 하나님을 신뢰하며 미래의 희망을 꿈꾸도록 인도하옵소서. 저희들의 가정이 하나님의 약속을 믿고 담대하게 미래를 향해 나아가는 축복의 공동체가 되게 하옵소서. 자녀들이 미래에 대한 불안을 하나님께 맡기고, 확실한 약속에 의지하여 담대하게 앞으로 나아가도록 도와 주시옵소서.

이 모든 기도를 저희를 구원하신 예수 그리스도의 이름으로 간절히 기도드립니다. 아멘.

건강한 몸과 마음을 가진 자녀

거룩하신 하나님,

오늘도 저희 가정을 하나님의 은혜로 보호하시고, 사랑으로 채워 주심에 감사드립니다. 자녀가 어떠한 상황에서도 믿음을 지키며, 하나님을 의지하는 삶을 살아가게 하소서. 어려움 앞에서 낙심하지 않고, 하나님께 기도하며 해결책을 찾는 지혜로운 사람이 되게 하옵소서. 용기와 인내로 모든 것을 감당할 수 있도록 도와주옵소서. 저희 자녀가 건강한 몸과 마음을 가지고 하나님의 뜻 안에서 바르게 성장하도록 인도하여 주시옵소서.

하나님, 저희 자녀의 몸을 강건하게 하시어, 질병과 사고로부터 보호하여 주옵소서. 자녀가 올바른 식습관과 생활 습관을 형성하여, 건강한 신체를 유지하며 활기찬 삶을 살아가게 하옵소서. 또한, 운동과 활동을 통해 체력을 기르고, 하나님의 창조 세계를 즐기며 감사하는 마음을 가지게 하옵소서.

하나님, 저희 자녀의 마음을 하나님의 평안으로 채워 주시어, 두려움과 불안에서 벗어나 기쁨과 희망을 누리게 하옵소서. 감정의 기복이 심한 시기에 하나님의 사랑을 깊이 체험하며, 안정된 정서와 긍정적인 태도를 유지하게 하옵소서. 이를 통해 자녀가 자신과 타인을 사랑하고 존중하는 법을 배우게 하옵소서.

하나님, 저희 자녀가 하나님의 말씀을 사랑하고 묵상하며, 그 말씀을 통해 지혜와 분별력을 얻어 바른 판단을 하게 하옵소서. 세상의 유혹과 잘못된 가치관에 흔들리지 않고, 하나님의 진리 안에서 굳건히 서서 자신의 삶을 하나님께 드리는 자녀로 자라게 하옵소서. 자녀가 사회성과 대인 관계 능력을 기르고, 하나님의 사랑을 실천하는 삶을 살아가게 하옵소서.

하나님, 부모된 저희가 가정에서 신체와 정신의 건강을 소중히 여기며 균형 잡힌 삶을 실천할 때, 자녀들이 하나님의 은혜 속에서 건강한 몸과 마음으로 성장하도록 인도하옵소서. 저희들의 가정이 하나님의 보호하심 아래 건강과 활력으로 충만한 축복의 공동체가 되게 하옵소서.

또한, 자녀들이 매일 건강한 습관을 기르며, 하나님의 인도하심 속에서 신체와 정신이 튼튼하게 성장하여 모든 면에서 축복받도록 도와 주시옵소서.

이 모든 기도를 저희를 구원하신 예수 그리스도의 이름으로 간절히 기도드립니다. 아멘.

부정적인 말보다 긍정적인 말을 하는 자녀

보호하시고 늘 사랑으로 지켜주시는 자비로우신 하나님, 오늘도 저희 가정을 하나님의 사랑으로 감싸 주시고, 새로운 하루를 허락하심에 감사드립니다. 자녀가 세상의 소음에 흔들리지 않고, 하나님의 음성에 귀 기울이며 살아가도록 도와주옵소서. 말씀을 가까이하고, 기도를 통해 하나님과 교제하는 시간을 소중히 여기며, 하나님의 뜻을 따라가는 삶을 살게 하소서. 부모 된 저희들도 기도와 말씀을 삶의 중심에 두며, 자녀가 신앙 안에서 자랄 수 있도록 최선을 다하게 하옵소서. 저희 자녀가 부정적인 말보다 긍정적인 말을 하며, 하나님의 사랑과 희망을 전하는 삶을 살아가도록 인도하여 주시옵소서.

하나님, 저희 자녀의 마음에 하나님의 사랑과 기쁨을 가득 채워 주시어, 그 입술을 통해 긍정적이고 격려하는 말이 흘러나오게 하옵소서. 자녀의 생각과 말이 하나님의 진리와 일치하게 하시고, 그로 인해 주변 사람들에게 위로와 희망을 전하는 도구로 사용되게 하옵소서.

하나님, 저희 자녀가 부정적인 상황이나 말을 접할 때에도 하나님의 지혜로 그것을 분별하고, 긍정적인 시각으로 바라볼 수 있는 능력을 허락하여 주옵소서. 어려움 속에서도 감사와 찬양을 잃지 않으며, 하나님의 선하심을 믿고 고백하는 자녀로 자라게 하옵소서.

하나님, 이 아이의 주변에 긍정적인 영향을 주는 친구와 멘토를 허락하셔서, 함께 성장하며 서로를 격려하고 지지하는 관계를 맺게 하옵소서. 이를 통해 자녀가 긍정적인 말의 힘을 경험하고, 그 중요성을 깨닫게 하옵소서.

하나님, 부모된 저희가 가정에서 따뜻한 말과 격려를 아끼지 않는 모습을 보일 때, 자녀들이 부정 대신 긍정의 힘을 믿고 서로에게 힘과 위로를 전하는 말을 하도록 인도하옵소서. 저희들의 가정이 하니님의 빛나는 말씀을 나누며 서로를 격려하는 축복의 공동체가 되게 하옵소서.

더불어, 자녀들이 모든 대화 속에서 하나님의 사랑과 격려를 전하며, 긍정적인 언어가 그들의 삶을 밝히고 주변에 희망을 선사하게 하시옵소서.

이 모든 기도를 저희를 구원하신 예수 그리스도의 이름으로 간절히 기도드립니다. 아멘.

사람들에게 기쁨을 주는 자녀

은혜로우시며 신실하신 하나님,
오늘도 저희 가정을 하나님의 은혜로 채워 주시고, 평안을 허락하심에 감사드립니다. 저희 자녀가 하나님의 보호하심 속에서 건강하고 강한 마음을 가지며, 삶의 어려움을 두려워하지 않고 담대하게 나아가는 사람이 되게 하소서. 고난 속에서도 하나님의 뜻을 발견하고, 성숙한 신앙으로 성장할 수 있도록 도와주옵소서. 저희 자녀가 하나님의 사랑과 기쁨을 가득 품어, 주변의 모든 사람들에게 기쁨을 전하는 축복의 통로가 되도록 인도하여 주시옵소서.

하나님, 저희 자녀의 마음에 하나님의 사랑과 평안을 가득 채워 주시어, 그 마음에서 우러나오는 기쁨이 자연스럽게 주변으로 퍼져나가게 하옵소서. 자녀의 밝은 미소와 따뜻한 말 한마디가 주위 사람들에게 위로와 희망을 주며, 하나님의 사랑을 전하는 도구로 사용되게 하옵소서. 자녀가 다른 사람들의 아픔과 슬픔을 공감할 수 있는 따뜻한 마음을 가지게 하시고, 그들을 위로하고 격려하는 말을 전할 수 있는 지혜를 허락하여 주옵소서. 자녀의 작은 손길과 말 한마디가 지친 영혼들에게 큰 힘이 되고, 하나님의 사랑을 느끼게 하는 통로가 되게 하옵소서.

하나님, 저희 자녀가 하나님의 말씀을 사랑하고 묵상하며, 그 말씀을 통해 진정한 기쁨의 근원을 깨닫게 하옵소서. 일시적인 즐거움에 흔들리지 않고, 하나님 안에서 오는 참된 기쁨을 누리며, 그 기쁨을 주변 사람들과 나누는 삶을 살아가게 하옵소서. 자녀의 삶에 하나님의 은혜와 축복이 넘쳐나게 하시어, 그로 인해 자녀의 존재 자체가 주변 사람들에게 기쁨이 되게 하옵소서. 자녀의 밝은 에너지와 긍정적인 태도가 가정과 학교, 그리고 모든 만남의 자리에서 빛을 발하여, 많은 사람들에게 행복을 전하는 자녀로 자라게 하옵소서.

하나님, 부모된 저희가 가정에서 웃음과 사랑으로 서로를 기쁘게 하는 모습을 실천할 때, 자녀들이 하나님의 기쁨을 친구와 이웃에게 전파하며 밝은 영향력을 발휘하도록 인도하옵소서. 저희 가정이 하나님의 기쁨을 전하는 삶을 통해 세상에 웃음과 사랑을 퍼뜨리는 축복의 공동체가 되게 하옵소서. 자녀들이 항상 하나님의 기쁨을 품고 모든 만남에서 따뜻한 웃음과 긍정적인 에너지로 주변을 밝히도록 인도해 주옵소서. 예수 그리스도의 이름으로 간절히 기도드립니다. 아멘.

하루를 기도로 시작하고 마무리하는 자녀

자비로우신 사랑의 하나님,

오늘도 저희 가정을 하나님의 자비로 감싸 주시고, 저희에게 맡기신 귀한 생명을 허락하심에 감사드립니다. 저희 자녀가 세상의 헛된 욕망을 따르지 않고, 하나님의 뜻을 좇아 살아가도록 인도하여 주옵소서. 자신의 꿈과 목표 속에서도 하나님의 뜻을 우선으로 삼으며, 신실한 마음으로 살아가게 하옵소서. 하루의 시작과 끝을 기도로 하나님께 올려드리며, 하나님과 동행하는 삶을 살아가도록 인도하여 주시옵소서.

하나님, 저희 자녀가 아침에 눈을 뜰 때마다 하나님께 감사의 기도를 드리며 하루를 시작하게 하옵소서. 하나님의 말씀을 묵상하고, 그 말씀을 마음에 새기며, 하나님께서 주시는 지혜와 힘으로 하루를 살아가게 하옵소서. 아침마다 하나님과의 교제를 통해 영적으로 충만해지고, 하나님의 인도하심을 구하며 하루를 계획하는 자녀로 자라게 하옵소서.

하나님, 저희 자녀가 하루를 마무리할 때에도 하나님 앞에 나아가 감사와 회개의 기도를 드리게 하옵소서. 하루 동안의 삶을 돌아보며 하나님의 은혜에 감사하고, 자신의 부족함을 인정하며 하나님께 용서를 구하는 겸손한 마음을 가지게 하옵소서. 잠자리에 들기 전 하나님과의 깊은 교제를 통해 평안한 마음으로 쉼을 누리게 하시고, 하나님께서 주시는 안식 속에서 새로운 하루를 준비하게 하옵소서.

하나님, 저희 자녀가 기도를 통해 하나님과의 친밀한 관계를 맺으며, 그로 인해 삶의 모든 순간에 하나님의 임재를 느끼게 하옵소서. 기도의 시간을 통해 하나님의 음성을 듣고, 그 말씀에 순종하며, 하나님께서 주시는 평안과 기쁨을 누리는 자녀로 자라게 하옵소서. 어떠한 상황에서도 기도로 하나님께 나아가 문제를 맡기고, 하나님의 지혜와 능력을 의지하는 믿음을 허락하여 주시옵소서.

하나님, 부모된 저희가 가정에서 하루의 시작과 끝을 하나님과의 기도로 채울 때, 자녀들이 매 순간 기도의 힘을 깨닫고 하나님의 임재를 온전히 경험하도록 인도하옵소서. 저희들의 가정이 기도의 은혜 속에 하루하루 하나님의 사랑을 누리며 축복의 공동체가 되게 하옵소서. 더불어, 자녀들이 매일 기도하는 습관을 통해 하나님의 음성을 듣고, 그 말씀에 따라 삶을 살아가는 지혜를 얻도록 도와 주시옵소서. 예수 그리스도의 이름으로 간절히 기도드립니다. 아멘.

사람들의 말보다 하나님의 말씀을 따르는 자녀

은혜와 진리의 하나님,

오늘도 저희 가정을 하나님의 손길로 보호해 주시고, 새 하루를 허락하심에 감사드립니다. 저희 자녀가 매일의 삶에서 하나님의 사랑을 경험하며, 모든 순간에 감사하는 사람이 되게 하옵소서. 작은 것에도 만족하며, 주어진 것에 기뻐하는 넉넉한 마음을 가지게 하시고, 늘 하나님과 동행하는 삶을 살게 하소서. 저희 자녀가 사람들의 말보다 하나님의 말씀을 더욱 사랑하고 따르며, 하나님의 뜻에 순종하는 삶을 살아가도록 인도하여 주시옵소서.

하나님, 저희 자녀의 마음에 하나님의 말씀에 대한 갈급함을 허락하셔서, 날마다 성경을 읽고 묵상하며 그 말씀을 삶의 지침으로 삼게 하옵소서. 세상의 유혹과 잘못된 가르침에 흔들리지 않고, 하나님의 진리 안에서 분별력을 가지고 올바른 길을 선택하게 하옵소서.

하나님, 저희 자녀가 하나님의 말씀을 통해 지혜와 지식을 얻어, 삶의 모든 영역에서 하나님의 뜻을 분별하고 실천하게 하옵소서. 사람들의 의견이나 세상의 가치관에 휘둘리지 않고, 오직 하나님의 말씀에 근거하여 판단하고 행동하는 자녀로 자라게 하옵소서.

하나님, 저희 자녀의 주변에 신앙의 본이 되는 멘토와 친구들을 허락하셔서, 함께 하나님의 말씀을 나누고 서로를 격려하며 성장할 수 있도록 도와주시옵소서. 이를 통해 하나님의 말씀을 더욱 깊이 이해하고, 그 말씀을 삶에 적용하는 지혜를 배우게 하옵소서.

하나님, 부모된 저희가 가정에서 하나님의 말씀과 기준을 생활의 기준으로 삼을 때, 자녀들이 세상의 소음 대신 하나님의 음성에 귀 기울여 그 진리를 따르도록 인도하옵소서. 저희들의 가정이 하나님의 말씀 안에서 굳건히 서서 진리의 빛을 따라 살아가는 축복의 공동체가 되게 하옵소서.

또한, 자녀들이 매일 말씀을 묵상하며 하나님의 지혜를 얻어, 모든 결정과 행동 속에서 하나님의 뜻이 드러나도록 인도해 주시옵소서.

이 모든 기도를 저희를 구원하신 예수 그리스도의 이름으로 간절히 기도드립니다. 아멘.

불안과 걱정보다 믿음으로 살아가는 자녀

사랑과 은혜가 충만하신 하나님,
오늘도 저희 가정을 하나님의 따뜻한 손길로 감싸 주시고, 새로운 하루를 선물해 주심에 감사드립니다. 저희 자녀가 하나님의 사랑을 깊이 깨닫고, 어떤 순간에도 감사하는 마음을 품으며 살아가게 하소서. 하나님께서 주신 하루하루를 소중히 여기며, 겸손과 온유함을 갖춘 사람으로 성장하게 하소서. 부모 된 저희들도 자녀와 함께 하나님께 감사하며, 신앙의 길을 함께 걸어갈 수 있도록 도와주시옵소서. 저희 자녀가 삶의 여정에서 불안과 걱정에 사로잡히기보다, 하나님을 온전히 신뢰하며 믿음으로 살아가도록 인도하여 주시옵소서.
하나님, 저희 자녀의 마음에 하나님의 평안을 가득 채워 주시어, 세상의 염려와 두려움이 그 마음을 지배하지 않게 하옵소서. 자녀의 생각과 감정이 하나님의 말씀과 진리로 가득하여, 어떠한 상황에서도 하나님께서 함께하심을 믿고 담대하게 나아가게 하옵소서.

하나님, 저희 자녀가 어려움과 시련을 만날 때에도 하나님의 선하신 계획을 신뢰하며, 그 과정을 통해 더욱 성숙한 믿음을 가지게 하옵소서. 자녀의 눈을 열어 하나님의 손길을 바라보게 하시고, 그로 인해 불안과 걱정이 사라지고 하나님의 평강이 임하게 하옵소서. 자녀의 입술에 감사와 찬양이 넘치게 하시어, 부정적인 말과 생각이 자리 잡지 않게 하옵소서. 하나님께서 주신 작은 은혜에도 감사하며, 그로 인해 믿음이 더욱 견고해지게 하옵소서.

하나님, 부모된 저희가 가정에서 불안 대신 하나님의 약속과 능력을 신뢰하며 살아가는 모습을 보일 때, 자녀들이 모든 어려움 속에서도 믿음으로 나아가고 하나님께 의지하도록 인도하옵소서. 저희들의 가정이 하나님의 평안과 믿음으로 감싸이며 어려움 속에서도 기쁨을 누리는 축복의 공동체가 되게 하옵소서.

또한, 자녀들이 불안할 때마다 하나님의 신실하심을 체험하고, 모든 걱정을 하나님께 맡기며 믿음의 힘으로 극복할 수 있도록 인도해 주시옵소서.

이 모든 기도를 저희를 구원하신 예수 그리스도의 이름으로 간절히 기도드립니다. 아멘.

고난 속에서도 감사하는 자녀

저희들의 삶을 인도하시는 거룩하신 하나님,

오늘도 저희 가정을 하나님의 은혜로 지켜 주시고, 평안을 허락하심에 감사드립니다. 저희 자녀가 세상의 거짓된 가치에 흔들리지 않고, 하나님의 진리 위에 굳건히 서는 사람이 되게 하소서. 어떤 어려움 속에서도 바른 선택을 하며, 하나님의 말씀을 따라 살아가도록 도와주옵소서. 저희 자녀가 삶의 여정에서 고난과 역경을 만날 때에도 하나님께 감사하는 마음을 잃지 않고, 오히려 그 어려움 속에서 하나님의 은혜를 더욱 깊이 체험하도록 인도하여 주옵소서.

하나님, 저희 자녀의 마음에 감사의 영을 충만하게 부어 주시어, 어떠한 상황에서도 하나님의 선하심을 믿고 감사하는 태도를 가지게 하옵소서. 자녀의 눈을 열어 주셔서, 고난 중에도 하나님께서 함께하심을 깨닫고, 그로 인해 감사와 찬양을 드리는 삶을 살아가게 하옵소서.

하나님, 저희 자녀가 어려움 속에서도 하나님의 말씀을 붙들고, 그 말씀을 통해 위로와 힘을 얻으며, 감사의 제목을 발견하게 하옵소서. 세상의 어려움에 낙심하지 않고, 오히려 하나님께서 주시는 평안과 기쁨을 누리며, 그 마음에 감사와 평강이 넘치게 하옵소서.

하나님, 저희 자녀의 입술에 감사의 고백이 가득하게 하시어, 주변 사람들에게도 감사의 마음을 전하고, 그로 인해 하나님의 사랑과 은혜가 흘러가게 하옵소서. 자녀의 삶이 감사로 충만하여, 그 모습을 통해 많은 사람들이 하나님의 영광을 보게 하옵소서.

하나님, 부모된 저희가 가정에서 고난 중에도 하나님의 선하심을 잊지 않고 감사하는 모습을 실천할 때, 자녀들이 시련 속에서도 하나님의 은혜를 찬양하며 감사의 마음을 유지하도록 인도하옵소서. 저희들의 가정이 고난 속에서도 감사의 기쁨을 누리며 하나님의 은혜를 전하는 축복의 공동체가 되게 하옵소서.

또한, 자녀들이 모든 고난의 순간 속에서 하나님의 선하심을 발견하며 감사의 마음을 가지고, 그 감사가 치유와 회복으로 이어지도록 인도해 주시옵소서.

이 모든 기도를 저희를 구원하신 예수 그리스도의 이름으로 간절히 기도드립니다. 아멘.

실수해도 다시 도전하는 자녀

위로와 격려의 하나님,

오늘도 저희 가정을 사랑으로 감싸 주시고, 새로운 하루를 허락하심에 감사드립니다. 저희 자녀가 정직하고 성실한 삶을 살아가며, 어떠한 유혹 앞에서도 바른 길을 선택할 수 있도록 도와주옵소서. 하나님의 법도를 사랑하며, 사람들을 존중하고 섬기는 겸손한 마음을 가지게 하소서. 부모 된 저희들도 자녀에게 신앙과 인격의 본이 되며, 하나님의 뜻을 따라 살도록 도와주시옵소서. 저희 자녀가 삶의 여정에서 실수와 실패를 경험하더라도 낙심하지 않고, 오히려 그것을 발판 삼아 다시 도전하는 용기와 담대함을 갖도록 인도하여 주시옵소서.

하나님, 저희 자녀의 마음에 하나님의 강한 의지와 용기를 심어 주시어, 실수나 실패 앞에서도 좌절하지 않고, 오히려 그 경험을 통해 배우고 성장하게 하옵소서. 자녀의 눈을 열어 주셔서, 실패 속에서도 하나님의 뜻과 교훈을 발견하고, 그것을 통해 더욱 지혜롭고 성숙한 자녀로 자라게 하옵소서.

하나님, 저희 자녀가 자신의 연약함을 인정하고, 그것을 하나님께 맡기며, 하나님의 능력으로 다시 일어설 수 있는 힘을 허락하여 주시옵소서. 자녀의 마음에 하나님의 평안과 확신을 가득 채워 주시어, 어떠한 어려움 속에서도 하나님을 의지하며 앞으로 나아가는 담대한 믿음을 가지게 하옵소서.

하나님, 저희 자녀의 주변에 격려와 지지를 아끼지 않는 좋은 친구와 멘토를 허락하셔서, 함께 성장하며 서로를 북돋아 주는 관계를 맺게 하옵소서. 이를 통해 자녀가 자신의 실수를 두려워하지 않고, 오히려 새로운 도전의 기회로 받아들이는 긍정적인 태도를 배우게 하옵소서.

하나님, 부모된 저희가 가정에서 실패를 두려워하지 않고 다시 일어서는 모습을 보일 때, 자녀들이 실수 속에서도 배움과 도전의 용기를 얻어 하나님께 나아가도록 인도하옵소서. 저희들의 가정이 하나님의 자비 안에서 계속 도전하며 용기와 희망을 전하는 축복의 공동체가 되게 하옵소서.

또한, 자녀들이 실수에서 배움을 얻고 도전의 기회를 통해 하나님의 인도하심을 체험하며, 다시 일어설 용기를 항상 갖도록 도와 주시옵소서.

이 모든 기도를 저희를 구원하신 예수 그리스도의 이름으로 간절히 기도드립니다. 아멘.

세상 속에서 빛과 소금이 되는 자녀

언제나 변함 없이 자비로우신 하나님,

오늘도 저희 가정을 하나님의 은혜로 보호하시고, 사랑으로 채워 주심에 감사드립니다. 저희 자녀가 자신의 삶을 통해 하나님의 영광을 드러내며, 모든 일에 최선을 다하는 사람이 되게 하소서. 주어진 환경에 감사하고, 하나님의 뜻을 먼저 구하는 겸손한 마음을 허락하여 주소서. 저희 자녀가 세상 속에서 하나님의 빛과 소금의 역할을 온전히 감당하며, 하나님의 영광을 나타내는 삶을 살아가도록 인도하여 주시옵소서.

하나님, 저희 자녀의 마음에 하나님의 사랑과 진리를 가득 채워 주시어, 그 삶을 통해 하나님의 빛이 세상에 비추어지게 하옵소서. 자녀의 말과 행동이 하나님의 성품을 닮아, 주변 사람들에게 선한 영향력을 끼치며, 하나님의 사랑을 전하는 도구로 사용되게 하옵소서.

하나님, 저희 자녀가 세상의 유혹과 어둠 속에서도 하나님의 말씀을 굳게 붙들고, 그 말씀을 삶의 기준으로 삼아 흔들림 없이 살아가게 하옵소서. 하나님의 지혜와 분별력을 허락하셔서, 옳고 그름을 판단하며, 하나님의 뜻에 따라 행동하는 자녀로 자라게 하옵소서. 자녀의 삶이 세상의 부패를 막는 소금과 같이, 주위의 부정적인 영향들을 막아내고, 하나님의 거룩함을 지키는 역할을 하게 하옵소서. 자녀의 작은 선행과 진실한 마음이 주변 사람들에게 감동을 주며, 하나님의 사랑을 경험하게 하는 통로가 되게 하옵소서.

하나님, 아이가 어려움과 시련을 만날 때에도 하나님의 빛을 의지하여 그 어둠을 밝히고, 하나님의 능력으로 모든 어려움을 이겨내는 강한 믿음을 가지게 하옵소서. 그리하여 자녀의 삶이 하나님의 영광을 나타내며, 많은 사람들에게 하나님의 사랑과 은혜를 증거하는 증인이 되게 하옵소서.

하나님, 부모된 저희가 가정에서 하나님의 빛을 실천하는 삶을 모범으로 보일 때, 자녀들이 세상 속에서 빛과 소금의 역할을 감당하며 하나님의 사랑을 전하도록 인도하옵소서. 저희들의 가정이 하나님의 빛과 소금으로 세상을 변화시키는 축복의 공동체가 되게 하옵소서.

또한, 자녀들이 모든 환경 속에서 하나님의 빛을 발하며 어둠 속에 소금처럼 귀한 역할을 수행하도록 인도해 주시고, 그들의 삶이 하나님의 영광을 드러내는 증거가 되게 하옵소서.

예수 그리스도의 이름으로 간절히 기도드립니다. 아멘.

나눔과 섬김을 실천하는 자녀

사랑과 진리의 하나님,

오늘도 저희 가정을 하나님의 평안 가운데 거하게 하시고, 새로운 하루를 허락하심에 감사드립니다. 저희 자녀가 세상의 풍파 속에서도 믿음을 지키며, 하나님의 뜻을 따라 살아가는 사람이 되게 하소서. 어려운 상황 속에서도 용기와 지혜를 가지고 문제를 해결할 수 있도록 도와주옵소서. 부모 된 저희들도 자녀에게 신앙의 유산을 남기며, 함께 하나님의 길을 걸어갈 수 있도록 인도하여 주옵소서. 저희 자녀가 하나님의 사랑을 본받아 나눔과 섬김을 삶 속에서 실천하며, 하나님의 영광을 나타내는 삶을 살아가도록 인도하여 주시옵소서.

하나님, 저희 자녀의 마음에 하나님의 사랑과 긍휼의 마음을 가득 채워 주옵소서. 그리하여 어려움에 처한 이웃들을 돌아보고, 그들의 필요를 채우기 위해 기꺼이 나누는 삶을 살게 하옵소서. 자녀의 손길이 닿는 곳마다 하나님의 사랑이 전해지고, 그로 인해 많은 이들이 하나님의 은혜를 경험하게 하옵소서.

하나님, 저희 자녀가 자신의 재능과 시간을 하나님께서 주신 선물로 여기고, 그것을 다른 사람들을 섬기는 데 아낌없이 사용하게 하옵소서. 작은 일에도 충성하며, 보이지 않는 곳에서도 성실하게 섬기는 마음을 가지게 하시어, 하나님께서 기뻐하시는 삶을 살아가게 하옵소서.

하나님, 아이의 삶에 나눔과 섬김의 기회들을 허락하셔서, 자녀를 통해 하나님의 사랑이 세상에 흘러가게 하옵소서. 자녀의 작은 행동이 큰 변화를 일으키며, 그로 인해 하나님의 이름이 높임을 받게 하옵소서.

하나님, 부모된 저희가 가정에서 서로를 위해 기꺼이 나누고 섬기는 모습을 실천할 때, 자녀들이 하나님의 사랑을 실천하며 이웃에게 봉사하는 기쁨을 배우도록 인도하옵소서. 저희들의 가정이 하나님의 섬김의 마음으로 서로를 돕고, 세상에 사랑을 전하는 축복의 공동체가 되게 하옵소서.

더불어, 자녀들이 모든 만남에서 하나님의 섬김을 실천하여, 이웃의 아픔과 필요를 돌아보고 기꺼이 손길을 내밀며 사랑을 전하는 삶을 살아가도록 인도해 주시옵소서.

이 모든 기도를 저희를 구원하신 예수 그리스도의 이름으로 간절히 기도드립니다. 아멘.

사랑이 가득한 자녀를 위한 기도

사랑의 하나님,
오늘도 저희 가정을 하나님의 보호하심 속에 두시고, 새로운 하루를 허락하심에 감사드립니다. 저희 자녀가 하나님의 말씀을 가까이하며, 언제 어디서나 믿음으로 살아가게 하소서. 세상의 기준이 아니라, 하나님의 뜻을 따라 살아가는 지혜를 허락하여 주옵소서. 저희 자녀가 하나님의 사랑을 깊이 깨닫고, 그 사랑으로 마음이 가득하여 주변의 모든 사람들에게 사랑을 나누는 삶을 살아가도록 인도하여 주시옵소서.

하나님, 저희 자녀의 마음에 하나님의 사랑이 샘솟듯 넘쳐 흐르게 하시어, 그 사랑이 자녀의 생각과 말과 행동을 통해 자연스럽게 표현되게 하옵소서. 자녀가 하나님의 사랑을 본받아, 가족과 친구, 이웃을 진심으로 사랑하며, 그들의 필요를 이해하고 채워주는 따뜻한 마음을 가지게 하옵소서.

하나님, 저희 자녀가 하나님의 사랑을 깊이 경험하여, 그 사랑이 자녀의 삶의 중심이 되게 하옵소서. 자녀의 마음에 사랑의 씨앗을 심어 주시어, 그것이 자라나 아름다운 열매를 맺어, 주변 사람들에게 기쁨과 위로를 주는 존재로 성장하게 하옵소서. 자녀가 하나님의 사랑을 통해 자신을 소중히 여기고, 그 사랑으로 인해 다른 사람들을 존중하며 배려하는 마음을 가지게 하옵소서. 자녀의 삶이 사랑으로 가득하여, 그 사랑이 세상에 빛과 소금의 역할을 하며, 하나님의 영광을 나타내게 하옵소서.

하나님, 저희 자녀가 하나님의 사랑을 통해 용서와 화해의 중요성을 깨닫고, 갈등과 오해 속에서도 사랑으로 다가가 화평을 이루는 자로 자라게 하옵소서. 그 마음에 사랑의 용기를 주시어, 어려운 상황에서도 사랑을 선택하고 실천하는 삶을 살아가게 하옵소서.

하나님, 저희 자녀가 하나님의 사랑을 통해 삶의 목적과 의미를 발견하고, 그 사랑을 전하는 삶을 살아가게 하옵소서. 그 삶이 하나님의 사랑으로 가득하여, 그 사랑이 세상에 퍼져나가 많은 사람들에게 하나님의 사랑을 알리는 통로가 되게 하옵소서. 이 아이가 하나님의 사랑을 깊이 깨닫고 실천할 수 있도록 지도하게 하옵소서. 저희 가정이 하나님의 사랑 안에서 굳건히 서서, 서로를 존중하고 격려하며, 하나님께서 주신 사명을 함께 이루어가는 복된 가정이 되게 하옵소서.

예수 그리스도의 이름으로 간절히 기도드립니다. 아멘.

삶 속에서 하나님의 은혜를 경험하는 자녀(1)

오늘도 은혜로 살펴주시는 거룩하신 하나님,

오늘도 저희 가정을 하나님의 은혜로 감싸 주시고, 평안을 허락하심에 감사드립니다. 저희 자녀가 어떤 환경 속에서도 감사하는 마음을 품으며, 모든 순간에 하나님의 은혜를 경험하게 하소서. 작은 것에도 만족할 줄 아는 넉넉한 마음을 가지고, 나누고 베푸는 기쁨을 누리게 하소서. 저희 자녀가 일상의 모든 순간 속에서 하나님의 은혜를 깊이 체험하며, 그 은혜로 말미암아 믿음이 더욱 견고해지고 삶이 풍성해지도록 인도하여 주시옵소서.

하나님, 저희 자녀의 마음을 열어 주시어, 자연의 아름다움과 일상의 작은 기쁨 속에서도 하나님의 은혜를 발견하게 하옵소서. 자녀의 눈을 밝히셔서, 하나님의 손길이 닿지 않은 곳이 없음을 깨닫고, 그로 인해 감사와 찬양이 넘치는 삶을 살아가게 하옵소서.

하나님, 저희 자녀가 어려움과 시련을 겪을 때에도 하나님의 은혜를 기억하며, 그 은혜로 인해 용기와 희망을 잃지 않게 하옵소서. 자녀의 마음에 하나님의 평안을 가득 채워 주시어, 어떠한 상황에서도 하나님의 선하신 계획을 신뢰하며 나아가게 하옵소서.

하나님, 아이가 사람들과의 관계 속에서 하나님의 사랑과 은혜를 경험하게 하시고, 그로 인해 다른 이들에게도 하나님의 은혜를 전하는 통로로 사용되게 하옵소서. 자녀의 말과 행동을 통해 하나님의 사랑이 흘러가며, 많은 사람들이 하나님의 은혜를 체험하게 하옵소서.

하나님, 저희 자녀가 하나님의 말씀을 통해 하나님의 은혜를 더욱 깊이 깨닫게 하시고, 그 말씀을 삶의 지침으로 삼아 하나님의 뜻에 따라 살아가게 하옵소서. 그 마음에 하나님의 진리가 뿌리내려, 세상의 유혹에 흔들리지 않고 하나님의 길을 굳건히 걸어가게 하옵소서.

하나님, 부모된 저희가 가정에서 매 순간 하나님의 은혜와 기적을 체험하는 모습을 보일 때, 자녀들이 일상의 모든 순간 속에서 하나님의 은혜를 깊이 경험하며 신앙의 기쁨을 누리도록 인도하옵소서. 또한, 자녀들이 하나님의 놀라운 역사와 기적을 매일 체험하며, 그 은혜에 감사하고 찬양하는 삶을 살아가도록 도와 주시옵소서. 이 모든 기도를 저희를 구원하신 예수 그리스도의 이름으로 간절히 기도드립니다. 아멘.

삶 속에서 하나님의 은혜를 경험하는 자녀(2)

늘 평강을 주시는 하나님,

오늘 이 기도의 첫 시작을 통해, 저희 자녀의 마음속에 하나님의 사랑과 자비가 깊게 뿌리내려, 모든 일상의 순간마다 하나님의 따스한 손길을 느낄 수 있도록 인도하옵소서. 매일 아침 눈을 뜰 때마다, 하나님의 무한한 선하심과 긍휼을 처음으로 깨닫게 하옵소서. 그 은혜의 빛 속에서 새로운 희망을 품으며 하루를 시작하게 하옵소서. 또한, 학교나 친구들과의 만남, 가족과의 소중한 시간 속에서 하나님의 임재와 도우심을 체험하며, 그 경험들이 자녀의 신앙을 단단히 세우는 든든한 기둥이 되게 하옵소서.

하나님, 어려움이나 시련의 순간에도 하나님의 약속을 마음에 새기고, 두려움 대신 믿음으로 나아갈 수 있는 용기와 소망을 자녀에게 부어 주시옵소서. 하나님의 자비로운 음성이 언제나 그 마음에 울려 퍼져, 삶의 모든 도전 앞에서 결코 흔들리지 않는 믿음을 키워가게 하옵소서.

하나님, 부모된 저희는 매일 하나님의 인도와 보호하심을 깊이 체험하며 살아가고자 힘쓰고 있습니다. 가정의 모든 구성원이 하나님의 사랑 안에서 하나 되어, 서로에게 기도의 본이 되고 하나님의 진리를 전하는 삶을 살게 하시옵소서. 또한, 저희는 자녀가 어려움 속에서 하나님의 위로와 소망을 찾을 수 있도록 끊임없이 기도하겠습니다. 아이에게 하나님의 선하신 계획과 약속을 전하는 능력을 주시옵소서. 저희의 사랑과 헌신이 자녀의 마음속에 깊은 신뢰와 희망을 심어, 모든 순간 하나님의 은혜를 실천하는 삶으로 이끌어 주시기를 간절히 원합니다.

하나님, 저희의 기도가 따뜻한 격려와 위로가 되어, 그가 언제나 하나님의 뜻에 따라 신실하게 걸어갈 수 있도록 도와주시옵소서. 부모와 자녀가 함께 하나님의 사랑 안에서 성장하는 축복된 여정에 동참하게 하옵소서.

하나님, 저희 가정이 하나님의 놀라운 은혜와 자비 속에 하나 되어, 서로의 마음을 따뜻하게 감싸고 진리의 빛으로 하나 되는 축복의 공동체가 되게 하옵소서. 매일 함께 모여 기도하며 하나님의 인도하심을 찬양하는 시간이, 저희 가족 모두에게 영적 새로움과 기쁨을 가져다 주고, 서로의 삶을 격려하는 소중한 힘이 되게 하옵소서. 예수 그리스도의 이름으로 간절히 기도드립니다. 아멘.

겸손한 태도로 사람을 대하는 자녀

참 좋으신 우리들의 하나님,

오늘도 저희 가정을 하나님의 사랑으로 감싸 주시고, 새로운 하루를 허락하심에 감사드립니다. 저희 자녀가 믿음으로 모든 것을 바라보며, 어떤 상황 속에서도 하나님의 인도하심을 신뢰하는 사람이 되게 하소서. 하나님께서 주신 비전을 발견하고, 그 길을 따라 걸어갈 수 있도록 용기와 지혜를 주옵소서. 저희 자녀가 하나님의 겸손하신 모습을 본받아, 모든 사람을 존중하고 사랑하며, 겸손한 태도로 대하는 삶을 살아가도록 인도하여 주시옵소서.

하나님, 저희 자녀의 마음에 하나님의 온유함과 겸손함을 가득 채워 주시어, 자신을 높이기보다 다른 사람을 존중하고 배려하는 마음을 가지게 하옵소서. 자녀의 말과 행동이 하나님의 사랑을 나타내어, 주변 사람들에게 기쁨과 위로를 주는 존재로 자라게 하옵소서. 자신의 재능과 능력을 하나님께서 주신 선물로 여기고, 그것을 다른 사람들을 섬기는 데 사용하며, 결코 교만하지 않게 하옵소서. 그 마음에 감사의 마음을 심어 주시어, 작은 일에도 감사하며, 그로 인해 겸손한 태도를 유지하게 하옵소서.

하나님, 저희 자녀가 다른 사람의 의견과 감정을 존중하며, 갈등 상황에서도 하나님의 지혜로 화평을 이루는 자로 자라게 하옵소서. 그 마음에 이해와 공감의 능력을 주시어, 다른 이들의 아픔과 기쁨을 함께 나누며, 하나님의 사랑을 전하는 통로가 되게 하옵소서. 하나님의 말씀을 통해 겸손의 중요성을 깨닫고, 그 말씀을 삶의 지침으로 삼아 하나님의 뜻에 따라 살아가게 하옵소서. 자녀의 마음에 하나님의 진리가 뿌리내려, 세상의 유혹에 흔들리지 않고 하나님의 길을 굳건히 걸어가게 하옵소서.

하나님, 부모된 저희가 가정에서 겸손과 온유함을 실천하는 모습을 통해, 자녀들이 하나님의 본을 따라 겸손하게 사람을 대하고 사랑의 마음으로 서로를 섬기도록 인도하옵소서. 저희들의 가정이 겸손과 온유의 미덕으로 세상에 하나님의 사랑을 전하는 축복의 공동체가 되게 하옵소서.

더불어, 자녀들이 모든 만남에서 자신을 낮추고 하나님의 사랑으로 타인을 대하여, 진정한 겸손의 본보기가 되도록 인도해 주시옵소서. 예수 그리스도의 이름으로 간절히 기도드립니다. 아멘.

어려운 사람을 외면하지 않는 자녀

자비로우시며 평안을 주시는 하나님,

오늘도 저희 가정을 하나님의 평안으로 보호해 주시고, 새로운 하루를 허락하심에 감사드립니다. 저희 자녀가 자신의 삶을 통해 하나님의 사랑을 전하며, 하나님을 닮아가는 사람이 되게 하소서. 겸손과 온유한 마음을 가지고, 다른 이들에게 선한 영향을 끼치는 사람이 되도록 인도하여 주옵소서. 저희 자녀가 하나님의 사랑을 본받아, 어려움에 처한 이웃을 외면하지 않고, 그들의 아픔과 필요에 민감하게 반응하며, 사랑과 자비를 실천하는 삶을 살아가도록 인도하여 주시옵소서.

하나님, 저희 자녀의 마음에 하나님의 긍휼과 사랑을 가득 채워 주시옵소서. 주변의 어려운 이웃을 볼 때 그들의 고통에 공감하고, 도움의 손길을 내밀 수 있는 따뜻한 마음을 가지게 하옵소서. 자녀의 눈을 열어 주셔서, 세상의 고통과 아픔을 외면하지 않고, 오히려 그들을 위해 기도하고 섬기는 삶을 살아가게 하옵소서.

하나님, 이 아이가 자신의 편안함과 이익만을 추구하지 않고, 하나님의 사랑을 따라 어려운 이웃을 돌보며, 그들의 필요를 채우기 위해 기꺼이 나눔과 섬김을 실천하게 하옵소서. 자녀의 삶이 하나님의 사랑을 나타내어, 많은 사람들이 그 사랑을 통해 위로와 희망을 얻고, 하나님께 영광을 돌리게 하옵소서.

하나님, 저희 자녀의 주변에 함께 어려운 이웃을 섬길 수 있는 좋은 친구와 멘토를 허락하셔서, 함께 하나님의 사랑을 나누며 성장할 수 있도록 도와주시옵소서. 이를 통해 저희 자녀가 나눔과 섬김의 기쁨을 경험하고, 하나님의 사랑을 더욱 깊이 깨닫게 하옵소서.

하나님, 부모된 저희가 가정에서 어려움에 처한 이웃을 따뜻하게 맞이하며 사랑을 실천할 때, 자녀들이 누구든지 외면하시 않고 진심 어린 도움의 손길을 내밀도록 인도하옵소서. 저희들의 가정이 하나님의 사랑으로 모든 이를 감싸 안는 축복의 공동체가 되게 하옵소서.

또한, 자녀들이 모든 사람에게 열린 마음과 따뜻한 손길을 내밀어, 어려움에 처한 이들에게 희망과 위로가 되는 존재가 되도록 인도해 주시옵소서.

이 모든 기도를 저희를 구원하신 예수 그리스도의 이름으로 간절히 기도드립니다. 아멘.

하나님이 주신 비전을 품고 살아가는 자녀

사랑과 은혜가 넘치는 하나님,

오늘도 저희 가정을 하나님의 보호 아래 두시고, 평안을 허락하심에 감사드립니다. 저희 자녀가 하나님의 지혜를 따라 살아가며, 선한 결정을 내릴 수 있는 분별력을 가지게 하소서. 세상의 유혹에 흔들리지 않고, 하나님의 뜻을 따라 의로운 삶을 살아가게 하소서. 저희 자녀가 하나님께서 주신 거룩한 비전을 마음에 품고, 그 비전을 향해 담대히 걸어가는 삶을 살아가도록 인도하여 주시옵소서.

하나님, 저희 자녀의 마음에 하나님의 뜻과 계획을 분명히 알려 주시어, 삶의 목적과 방향을 분명히 알고 그 길을 따라 흔들림 없이 나아가게 하옵소서. 저희 자녀의 눈을 열어 주셔서, 하나님께서 예비하신 놀라운 계획과 비전을 바라보게 하시고, 그 비전을 이루기 위해 필요한 지혜와 능력을 허락하여 주시옵소서. 하나님의 비전을 품고 살아감에 있어 세상의 유혹과 어려움에 굴복하지 않도록 강한 믿음과 용기를 주시옵소서. 자녀의 마음에 하나님의 말씀을 깊이 새겨 주시어, 그 말씀이 삶의 등불이 되어 하나님의 길을 따라 걸어가게 하옵소서.

하나님, 저희 자녀가 하나님의 비전을 이루기 위해 필요한 재능과 자원을 주시고, 그 재능을 하나님의 영광을 위해 사용하게 하옵소서. 자녀의 삶에 하나님의 은혜와 축복이 가득하여, 그 비전을 통해 많은 사람들이 하나님의 사랑과 은혜를 경험하게 하옵소서. 이를 통해 자녀가 하나님의 비전을 더욱 확신하고, 그 비전을 이루기 위해 헌신하는 삶을 살아가게 하옵소서.

하나님, 부모된 저희가 가정에서 하나님의 비전을 향해 소망을 품고 살아가는 모습을 보일 때, 자녀들이 자신의 삶 속에서 하나님의 비전을 깨닫고 그 소명을 잘 감당하도록 인도하옵소서. 저희들의 가정이 하나님의 비전과 소망으로 미래를 열어가는 축복의 공동체가 되게 하옵소서.

또한, 자녀들이 하나님의 비전을 마음에 새기고, 그 소명을 이루기 위해 꾸준히 노력하며, 미래의 모든 계획 속에서 하나님의 인도하심을 경험하도록 도와 주시옵소서.

이 모든 기도를 저희를 구원하신 예수 그리스도의 이름으로 간절히 기도드립니다. 아멘.

삶을 기쁨으로 채우는 자녀

저희들을 늘 기쁨으로 인도하시는 하나님,

오늘도 저희 가정을 사랑으로 감싸 주시고, 새로운 하루를 허락하심에 감사드립니다. 저희 자녀가 인내와 절제의 마음을 배워, 감정에 휩쓸리지 않고 지혜롭게 행동하는 사람이 되게 하소서. 신중하게 말하고, 책임감 있는 태도를 가지며, 하나님을 공경하는 삶을 살게 하소서. 저희 자녀가 하나님의 사랑과 은혜를 깊이 깨달아, 삶의 모든 순간을 기쁨으로 채우며 살아가도록 인도하여 주시옵소서.

하나님, 저희 자녀의 마음에 하나님의 평안과 기쁨을 가득 채워 주시어, 일상의 작은 일들 속에서도 감사와 즐거움을 발견하게 하옵소서. 자녀의 눈을 열어 주셔서, 하나님의 창조하신 아름다움과 선하심을 바라보며, 그로 인해 마음에 기쁨이 넘치게 하옵소서.

하나님, 저희 자녀가 어려움과 시련을 만날 때에도 하나님의 위로와 사랑을 통해 다시 일어설 수 있는 힘과 용기를 주시옵소서. 자녀의 마음에 하나님의 소망을 심어 주시어, 어떠한 상황에서도 낙심하지 않고 하나님을 의지하며 기쁨을 잃지 않게 하옵소서.

하나님, 저희 자녀가 다른 사람들과의 관계 속에서 하나님의 사랑을 나누며, 그로 인해 서로에게 기쁨을 주고받는 삶을 살아가게 하옵소서. 자녀의 말과 행동을 통해 하나님의 사랑이 전해지고, 그로 인해 주변 사람들이 하나님의 기쁨을 경험하게 하옵소서. 자녀가 하나님의 말씀을 통해 진정한 기쁨의 근원을 깨닫고, 그 말씀을 마음에 새겨 삶의 지침으로 삼게 하소서. 그 마음에 하나님의 진리가 뿌리내려, 세상의 유혹에 흔들리지 않고 하나님의 길을 기쁨으로 걸어가게 하옵소서.

하나님, 부모된 저희가 가정에서 하나님의 기쁨과 감사를 누리며 살아갈 때, 자녀들이 삶의 모든 순간을 기쁨으로 채우고 하나님께서 주신 선물을 온전히 누리도록 인도하옵소서. 저희들의 가정이 하나님의 기쁨으로 넘치며, 매 순간 축복이 깃드는 공동체가 되게 하옵소서.

또한, 자녀들이 매일의 삶 속에서 기쁨과 감사의 마음을 잃지 않고, 그 기쁨이 하나님의 은혜로 온전히 충만되어 세상에 사랑과 희망을 전하게 하옵소서.

이 모든 기도를 저희를 구원하신 예수 그리스도의 이름으로 간절히 기도드립니다. 아멘.

주어진 모든 것에 감사할 줄 아는 자녀

사랑의 하나님,

오늘도 저희 가정을 하나님의 은혜로 지켜 주시고, 새 하루를 허락하심에 감사드립니다. 저희 자녀가 하나님과 동행하는 삶을 살며, 삶의 모든 순간에 하나님의 도우심을 경험하게 하소서. 하나님의 말씀을 마음에 새기고, 세상 속에서도 믿음을 굳게 지키는 사람이 되게 하소서. 저희 자녀가 삶의 모든 순간마다 주어진 것들에 감사하며, 하나님의 은혜를 깊이 깨닫는 삶을 살아가도록 인도하여 주시옵소서.

하나님, 저희 자녀의 마음에 감사의 영을 가득 채워 주시어, 일상의 작은 일들 속에서도 하나님의 손길을 발견하고, 그로 인해 감사의 고백이 넘치게 하옵소서. 자녀의 눈을 열어 주셔서, 하나님께서 베풀어 주신 축복들을 헤아리며, 그 은혜에 감사하는 마음을 가지게 하옵소서. 자녀가 어려움과 시련을 겪을 때에도 하나님의 선하신 계획을 신뢰하며, 그 가운데서도 감사의 제목을 찾을 수 있는 지혜를 주시옵소서. 자녀의 마음에 하나님의 평안을 심어 주시어, 어떠한 상황에서도 감사의 끈을 놓지 않게 하옵소서.

하나님, 저희 자녀가 다른 사람들과의 관계 속에서 하나님의 사랑을 나누며, 그로 인해 서로에게 감사하는 마음을 가지게 하옵소서. 이 아이의 말과 행동을 통해 하나님의 사랑이 전해지고, 그로 인해 주변 사람들이 감사의 삶을 살아가게 하옵소서.

하나님, 저희 아이가 하나님의 말씀을 통해 감사의 중요성을 깨닫고, 그 말씀을 마음에 새겨 삶의 지침으로 삼게 하옵소서. 자녀의 마음에 하나님의 진리가 뿌리내려, 세상의 불평과 불만에 흔들리지 않고 하나님의 길을 따라 감사의 삶을 살아가게 하옵소서.

하나님, 부모된 저희가 가정에서 매 순간 하나님의 은혜에 감사하며 살아갈 때, 자녀들이 주어진 모든 것에 감사를 배우고 찬양하는 마음을 잃지 않도록 인도하옵소서. 저희들의 가정이 감사의 기쁨으로 하나 되어 하나님의 사랑과 축복을 온전히 누리는 공동체가 되게 하옵소서.

또한, 자녀들이 일상의 작은 축복에도 깊은 감사를 드리며, 그 감사함이 하나님의 은혜를 더욱 빛나게 하는 삶의 증거가 되도록 도와 주시옵소서. 이 모든 기도를 저희를 구원하신 예수 그리스도의 이름으로 간절히 기도드립니다. 아멘.

기도를 통해 하나님과 더욱 가까워지는 자녀

사랑과 은혜의 하나님,

오늘도 저희 가정을 하나님의 크신 사랑으로 보호하시고, 평안으로 채워 주심에 감사드립니다. 저희 자녀가 하나님의 선하심을 닮아가며, 삶의 모든 순간에 진리를 선택하는 사람이 되게 하소서. 어떤 상황에서도 정직함과 겸손함을 잃지 않으며, 하나님이 기뻐하시는 삶을 살아가게 하소서. 기도를 통해 하나님과 더욱 깊은 교제를 나누며, 하나님의 임재를 날마다 경험하는 삶을 살아가도록 인도하여 주시옵소서.

하나님, 저희 자녀의 마음에 기도의 열정을 심어 주시어, 언제 어디서나 하나님께 마음을 열고 대화하는 습관을 가지게 하옵소서. 자녀의 눈을 열어 주셔서, 기도가 단순한 의무가 아니라 하나님과의 친밀한 교제임을 깨닫고, 그로 인해 기쁨과 평안을 누리게 하옵소서. 자녀가 기도를 통해 하나님의 뜻을 분별하고, 삶의 모든 결정과 선택에서 하나님의 인도하심을 구하며 따르게 하옵소서. 자녀의 마음에 하나님의 지혜를 부어 주시어, 기도를 통해 하나님의 음성을 듣고 순종하는 삶을 살아가게 하옵소서.

하나님, 저희 자녀가 기도의 자리에서 하나님의 사랑과 은혜를 깊이 체험하며, 그로 인해 믿음이 더욱 성장하고 하나님과의 관계가 더욱 깊어지게 하옵소서. 자녀의 영혼에 하나님의 평강을 가득 채워 주시어, 기도를 통해 세상의 염려와 두려움을 이기고 하나님 안에서 안식을 누리게 하옵소서. 기도를 통해 자신의 필요뿐만 아니라 다른 사람들의 필요를 위해 중보하며, 하나님의 사랑을 실천하는 삶을 살아가게 하옵소서. 자녀의 마음에 긍휼의 영을 부어 주시어, 기도를 통해 이웃을 사랑하고 섬기는 마음을 가지게 하옵소서.

하나님, 부모된 저희가 가정에서 기도의 힘을 믿고 매일 하나님과 소통하는 모습을 보일 때, 자녀들이 기도를 통해 하나님과 더욱 깊은 관계를 맺고 신실한 믿음으로 나아가도록 인도하옵소서. 저희들의 가정이 기도의 은혜 속에 깊이 뿌리내려 하나님의 사랑을 전하는 축복의 공동체가 되게 하옵소서.

더불어, 자녀들이 기도를 통해 마음의 소망과 기쁨을 발견하고, 하나님의 음성을 듣는 귀한 시간을 누리며, 모든 삶의 순간에 하나님의 인도하심을 체험하게 하옵소서.

이 모든 기도를 저희를 구원하신 예수 그리스도의 이름으로 간절히 기도드립니다. 아멘.

하나님의 기준으로 살아가는 자녀

거룩하신 하나님,

오늘도 저희 가정을 하나님의 따뜻한 품에 안아 주시고, 새로운 하루를 허락하심에 감사드립니다. 저희 자녀가 하나님의 말씀을 사랑하고, 하나님의 음성에 귀 기울이는 사람이 되게 하소서. 주변의 유혹에 흔들리지 않고, 언제나 하나님을 최우선으로 삼으며 살아가도록 인도하여 주옵소서. 저희 자녀가 세상의 가치관에 휩쓸리지 않고, 하나님의 말씀과 기준을 따라 살아가는 삶을 살도록 인도하여 주시옵소서.

하나님, 저희 자녀의 마음에 하나님의 진리와 지혜를 가득 채워 주시어, 세상의 유혹과 압력에 흔들리지 않고, 하나님의 뜻을 분별하며 그 길을 따르게 하옵소서. 자녀의 눈을 열어 주셔서, 세상의 일시적인 가치보다 영원한 하나님의 말씀을 소중히 여기며, 그 말씀을 삶의 기준으로 삼게 하옵소서.

하나님, 저희 자녀가 하나님의 말씀을 깊이 묵상하고, 그 말씀을 통해 삶의 방향과 목적을 발견하게 하옵소서. 자녀의 마음에 하나님의 말씀이 새겨져, 모든 판단과 행동에서 하나님의 기준을 우선시하게 하옵소서.

하나님, 저희 자녀가 세상의 인정과 성공을 추구하기보다, 하나님께서 기뻐하시는 삶을 살아가도록 도와주시옵소서. 자녀의 마음에 하나님의 사랑과 공의를 심어 주시어, 그로 인해 주변 사람들에게 선한 영향력을 끼치며, 하나님의 영광을 나타내는 삶을 살게 하옵소서. 하나님의 말씀을 통해 진정한 가치와 의미를 깨닫고, 그 말씀을 삶의 지침으로 삼아 하나님의 뜻에 따라 살아가게 하옵소서. 자녀의 마음에 하나님의 진리가 뿌리내려, 세상의 흐름에 휩쓸리지 않고 하나님의 길을 굳건히 걸어가게 하옵소서.

하나님, 부모된 저희가 가정에서 하나님의 말씀과 기준을 중심으로 살아가는 모습을 실천할 때, 자녀들이 세상의 유혹을 넘어서 하나님의 뜻에 따라 올바른 길을 선택하도록 인도하옵소서. 저희 가정이 하나님의 기준 안에서 온전히 하나 되어 참된 신앙의 길을 걷는 축복의 공동체가 되게 하옵소서.

또한, 자녀들이 모든 선택의 순간마다 하나님의 말씀을 마음에 새기고 그 기준에 따라 바른 판단을 내리며, 삶 전체에 걸쳐 하나님의 뜻이 반영되도록 인도해 주시옵소서.

이 모든 기도를 저희를 구원하신 예수 그리스도의 이름으로 간절히 기도드립니다. 아멘.

믿음으로 하나님께 순종하는 자녀

자비로우신 하나님,

오늘도 저희 가정을 사랑으로 감싸 주시고, 자녀에게 생명의 축복을 허락하심에 감사드립니다. 저희 자녀가 감사하는 마음을 가지고, 매일 주어진 일상 속에서 기쁨을 누리게 하소서. 어떠한 상황에서도 원망과 불평이 아닌 감사의 태도로 살아가며, 하나님께 영광 돌리는 사람이 되게 하소서. 저희 자녀가 믿음으로 하나님을 신뢰하며, 하나님의 말씀에 온전히 순종하는 삶을 살아가도록 인도하여 주시옵소서.

하나님, 저희 자녀의 마음에 하나님의 말씀을 깊이 새겨 주시어, 그 말씀을 따라 살아가는 기쁨을 알게 하옵소서. 그 눈을 열어 주셔서, 하나님의 길이 참된 생명과 평안의 길임을 깨닫고, 그 길을 기쁨으로 걸어가게 하옵소서.

하나님, 저희 자녀가 세상의 유혹과 어려움 속에서도 하나님의 말씀을 붙들고, 그 말씀에 순종하는 용기와 지혜를 주시옵소서. 자녀의 마음에 하나님의 사랑과 은혜를 가득 채워 주시어, 그 사랑으로 인해 하나님께 순종하는 삶을 살아가게 하옵소서.

하나님, 저희 자녀가 하나님의 말씀을 통해 삶의 방향과 목적을 분명히 알고, 그 말씀에 따라 자신의 삶을 기꺼이 드리게 하옵소서. 자녀의 마음에 하나님의 뜻을 이루고자 하는 열망을 심어 주시어, 그로 인해 하나님께 영광 돌리는 삶을 살아가게 하옵소서.

하나님, 저희 자녀가 하나님의 말씀에 순종함으로써 하나님께서 예비하신 복과 은혜를 풍성히 누리게 하옵소서. 자녀의 삶에 하나님의 축복이 가득하여, 그로 인해 많은 사람들이 하나님의 선하심을 알게 하옵소서.

하나님, 부모된 저희가 가정에서 하나님의 명령에 순종하며 살아가는 본을 보일 때, 자녀들이 믿음으로 모든 말씀에 순종하고 하나님의 뜻을 온전히 따르도록 인도하옵소서. 저희들의 가정이 하나님의 말씀에 충실하며 믿음의 순종으로 하나님의 영광을 드러내는 축복의 공동체가 되게 하옵소서.

또한, 자녀들이 모든 상황 속에서 하나님의 명령에 기꺼이 순종하고, 그 순종이 그들의 삶에 기쁨과 평안을 가져다주는 증거가 되도록 인도해 주시옵소서.

이 모든 기도를 저희를 구원하신 예수 그리스도의 이름으로 간절히 기도드립니다. 아멘.

영원한 소망을 품은 자녀(1)

　신실하신 하나님,
　오늘도 저희 가정을 하나님의 은혜로 보호하시고, 자녀를 사랑으로 감싸 주심에 감사드립니다. 저희 자녀가 용기 있는 마음을 가지고, 두려움 없이 세상을 살아가게 하소서. 어려운 일을 만날 때 하나님을 더욱 의지하며, 기도로 문제를 해결할 줄 아는 신앙의 사람이 되게 하소서. 하나님, 저희 자녀가 하나님의 말씀을 통해 참된 소망을 발견하게 하시고, 그 소망이 삶의 등불이 되어 언제나 밝은 길로 인도받게 하옵소서. 세상의 유혹과 헛된 것들에 마음을 빼앗기지 않도록 지켜주시고, 오직 하나님 안에서 영원한 기쁨과 평안을 누리게 하옵소서.
　자녀의 마음에 하나님의 사랑을 가득 채워 주시어, 그 사랑으로 이웃을 섬기고 나누며 살아가게 하옵소서. 하나님께서 주신 재능과 은사를 발견하고, 그것을 통해 하나님의 영광을 나타내는 삶을 살도록 인도하여 주옵소서.
　하나님, 저희 자녀가 어려움과 역경을 만날 때마다 하나님을 의지하게 하시고, 그 속에서 하나님의 도우심과 인도하심을 경험하게 하옵소서. 자녀의 발걸음을 하나님께서 친히 인도하시어, 하나님의 뜻 안에서 바르고 굳건한 길을 걸어가게 하옵소서.

또한, 저희 자녀가 하나님의 말씀을 사랑하고 묵상하는 습관을 기르게 하시어, 그 말씀을 통해 지혜와 지식을 얻고, 삶의 모든 영역에서 하나님의 뜻을 분별하며 살아가게 하옵소서. 하나님과의 친밀한 교제를 통해 영적으로 성장하며, 하나님의 사랑과 은혜를 세상에 전하는 빛과 소금의 역할을 감당하게 하옵소서.

하나님, 부모된 저희가 가정에서 하나님의 약속을 굳게 믿으며 영원한 소망을 품고 살아가는 모습을 보일 때, 자녀들이 이 땅의 어려움 속에서도 하나님의 약속 안에 미래의 희망을 찾도록 인도하옵소서. 저희들의 가정이 하나님의 영원한 소망을 품고 세상에 하나님의 빛과 사랑을 전하는 축복의 공동체가 되게 하옵소서.

또한, 자녀들이 매 순간 하나님의 약속을 붙들고, 그 소망 속에서 담대하게 미래를 향해 나아가며 모든 어려움을 이겨내는 강한 믿음의 증거가 되도록 도와 주시옵소서.

이 모든 기도를 우리 주 예수 그리스도의 이름으로 기도드립니다. 아멘.

영원한 소망을 품은 자녀(2)

신실하신 하나님,

저희 자녀가 이 세상에 발을 딛은 순간부터 하나님의 크신 약속과 영원한 소망을 체험하도록 인도하여 주옵소서. 자녀의 마음에 하나님의 사랑과 자비가 깊게 뿌리내려, 어려움과 시련이 닥칠 때마다 하나님의 약속을 굳게 붙들며 두려움 없이 당당히 나아갈 수 있는 용기와 희망을 얻게 하옵소서. 세상의 어둠 속에서도 하나님의 빛이 자녀의 길을 밝히고, 매일의 작은 순간 속에서 하나님의 은혜와 기적을 경험하여 그 소망이 생명의 등불이 되게 하시옵소서. 모든 유혹과 헛된 것들에 마음이 흔들리지 않도록 지켜 주시옵소서.

하나님, 저희 자녀가 하나님의 말씀을 통해 새로운 소망과 위로를 발견하고, 그 소망이 매일의 삶에 따뜻한 기쁨과 평안을 가져다 주어, 하나님 안에서 영원한 생명의 기쁨을 누리게 하옵소서. 또한, 자연의 아름다움과 일상의 소소한 기쁨 속에서 하나님의 선하신 역사와 은혜를 발견하여, 자녀의 눈과 마음이 늘 새로워지고 감사하는 마음이 넘치게 하옵소서.

하나님, 부모된 저희는 매일 하나님의 말씀과 사랑 안에서 살아가며, 저희 자녀가 영원한 소망을 품을 수 있도록 온 마음을 다해 기도합니다. 부모로서 저희는 자녀가 하나님의 약속과 영원한 생명의 소망을 온전히 체험하고, 그 소망을 마음속 깊이 새기며 살아가도록 사랑과 헌신으로 인도하기를 간구합니다. 저희의 삶이 하나님의 축복을 증거하는 등불이 되어, 자녀가 어떠한 시련 속에서도 하나님의 인도하심을 믿고 따를 수 있도록 격려하며, 하나님의 따뜻한 사랑과 위로가 저희 가정에 넘치게 하옵소서.

또한, 저희는 자녀가 매 순간 순간 하나님의 은혜를 경험하며, 그 경험이 삶의 모든 영역에서 밝은 미래를 향한 희망이 되도록 기도드립니다. 아이가 하나님의 자비로운 손길에 의지하여 당당하게 세상의 도전을 맞이할 수 있도록 도와 주시옵소서.

하나님, 저희 가정이 하나님의 영원한 소망 안에 하나 되어, 서로를 깊이 사랑하고 격려하는 축복된 공동체가 되게 하옵소서. 가족 구성원 모두가 하나님의 은혜를 경험하며, 어려운 순간마다 서로를 감싸 안고 기도로 함께 힘을 내는 모습이, 이 땅에 하나님의 사랑을 전하는 증거가 되게 하옵소서. 예수 그리스도의 이름으로 간절히 기도드립니다. 아멘.